भूमंडलीकरण, निजीकरण व हिन्दी

भूमंडलीकरण, निजीकरण व हिन्दी

डॉ. माणिक मृगेश

वाणी प्रकाशन

4695, 21-ए, दरियागंज, नयी दिल्ली 110 002

शाखा

अशोक राजपथ, पटना 800 004

फ़ोनः +91 11 23273167 फ़ैक्सः +91 11 23275710

www.vaniprakashan.in
vaniprakashan@gmail.com

BHOOMANDALIKARN, NIJIKARAN VA HINDI
Edited by Dr. Manik Mrigesg

ISBN : 81-7055-702-X

संस्करण 2018

मूल्य : ₹ 150

आर.टेक ऑफ़सेट, प्रिंटर्स, दिल्ली-110 032 में मुद्रित

वाणी प्रकाशन का लोगो मक़बूल फ़िदा हुसेन की कूची से

लेखकीय

14 सितंबर, 1949 में भारतीय संविधान में हिन्दी भाषा जो कि देवनागरी लिपि में लिखी जाएगी, को राजभाषा का दर्जा दिया गया। इस दृष्टि से राजभाषा ने अपने स्थापना के 50 वर्ष 14 सितंबर, 1999 को पूरे कर लिए और पूरा देश 14 सितंबर, 1999 से 13 सितंबर, 2000 की अवधि को राजभाषा की स्वर्ण जयंती वर्ष के रूप में मना रहा है। इस अवधि में राजभाषा ने काफी उतार-चढ़ाव देखे हैं। उच्चाधिकार प्राप्त संसदीय राजभाषा समिति का गठन इस दौरान हुआ। इस समिति के डर से प्रारंभ में राजभाषा कार्यान्वयन के क्षेत्र में काफी तेजी आई। हिन्दी के पद सर्जित हुए और उन पर भर्तियाँ भी हुईं। समिति में पहले श्री जोशी व श्री रामविलास पासवान जैसे जुझारू सांसद रहते थे जिनके तीखे तेवरों के कारण राजभाषा कार्यान्वयन के क्षेत्र में काफी तेजी आई।

धीरे-धीरे इस समिति का भी ढर्रा अन्य समितियों जैसा हो गया और अब इसका निरीक्षण मात्र एक औपचारिकता जैसा रह गया है। अगर यह समिति निर्धारित मानकों के अनुरूप हिन्दी पदों पर भर्ती करने के लिए संबंधित विभागों को कहती, तो निश्चित ही हजारों लोगों को रोज़गार मिलता लेकिन समिति ने इस तरफ ध्यान नहीं दिया। यही कारण है कि वर्तमान में चाहे कोई 10 हजार कर्मचारियों की संख्या वाला बड़ा संस्थान हो या कि 100 की संख्या वाला छोटा संस्थान सभी में केवल एक हिन्दी अधिकारी व एक क्लर्क मिलेगा। इससे ज्यादा स्टाफ शायद ही किसी संस्थान ने रखा हो।

तथापि राजभाषा कार्यान्वयन के क्षेत्र में हिन्दी के प्रचार-प्रसार में काफी प्रगति हुई है, जब काम होता है तो कुछ परेशानियाँ भी आती हैं। इस पुस्तक में ऐसी समस्याओं पर लघु लेख लिखे गए हैं। इनमें से अधिकांश लेख मेरे द्वारा संपादित—इंडियन

ऑयल–मथुरा रिफाइनरी व गुजरात रिफाइनरी की गृह पत्रिकाओं–राजभाषिका व सर्जना में प्रकाशित मेरे संपादकीय लेख व अन्य लेख हैं। इसके इतर भी कुछ लेख संगृहीत किए गए हैं। आशा है राजभाषा से जुड़े लोगों को रुचिकर लगेंगे, कुछ उपयोगी जरूर होंगे।

–डॉ. माणिक मृगेश

मृगेशायन
22 बी मनोरथ सोसायटी,
न्यू समा रोड, वडोदरा-8

अनुक्रम

राजभाषा की स्वर्ण जयंती 9

निजीकरण, भूमंडलीकरण और हिन्दी 12

सूचना प्रौद्योगिकी व हिन्दी 16

राजभाषा कार्यान्वयन : समस्या व समाधान 19

राजभाषा नीति और पारदर्शिता 22

राजभाषा और डॉक्टर भीमराव आंबेडकर 26

भारतीय भाषाएँ शोषितों की भाषाएँ 28

कस्तूरी मृग बनाम हिन्दी अधिकारी 31

बहुआयामी व्यक्तित्व का प्रभारी–हिन्दी अधिकारी 33

हिन्दी तभी समृद्ध होगी जब हिन्दी अधिकारी समृद्ध होंगे 35

विश्वविद्यालयीन हिन्दी-शिक्षण और हिन्दी अधिकारी 38

आखिर फिल्मवालों को हिन्दी बोलने से एलर्जी क्यों है? 41

हिन्दी और शुद्धतावाद 43

अनुवाद–एक टीम वर्क 45

हिन्दी वर्तनी की कुछ सामान्य भूलें 51

नाम वाचक शब्दों की कहानी 57

रंग-बिरंगी हिन्दी 61

राजभाषा की स्वर्ण जयंती

14 सितंबर, 1998 को राजभाषा का 50वाँ जन्म दिवस है। आइए आकलन करते हैं कि राजभाषा के इन उनचास वर्षों में राजभाषा ने कितनी प्रगति की है। भाषा संस्कृति क़ी प्रगति राष्ट्र की प्रगति के सानुपातिक होती है। पचास वर्ष में राष्ट्र ने जो प्रगति की है, उसकी तुलना में राजभाषा ने ज्यादा प्रगति की है। किसी भी भाषा के दो रूप हुआ करते हैं—बोलित और लिखित। बोलित रूप में हम देखते हैं कि आज हिन्दी का प्रचार-प्रसार देश में इन पचास वर्षों में अत्यधिक हुआ है। पूरे देश में संवाद स्थापित करने वाली हिन्दी एकमात्र भाषा बन चुकी है। कुछ दशक पूर्व देश के कुछ प्रांतों में हिन्दी को लेकर जो विरोध के स्वर थे आज उनकी मुखरता नहीं रही है। मीडिया ने तो हिन्दी को रातोंरात विश्व की भाषा बना दिया है। आज सारे चैनलों में हिन्दी के अधिकाधिक कार्यक्रम देने की होड़ लगी हुई है। डिसकवरी जैसे वैज्ञानिक कार्यक्रम भी आज हिन्दी में बीबीसी से दिए जा रहे हैं। अतः यह सोच आज अप्रासंगिक हो गई है कि भूमंडलीकरण, उदारीकरण व निजीकरण के कारण भारतीय भाषाओं पर प्रतिकूल प्रभाव पड़ेगा जबकि दृष्टांत तो यह बता रहे हैं कि अनुकूल प्रभाव पड़ रहा है। आज विज्ञापन कंपनियाँ भी अपने विज्ञापन हिन्दी में दे रही हैं। मीडिया और विज्ञापनदाताओं को मालूम है कि हिन्दी का उपभोक्ता वर्ग काफी बड़ा है। अतः बोलित रूप में हिन्दी का प्रचार-प्रसार काफी हुआ है। अब हम लिखित रूप की बात करते हैं इसमें भी दो रूप हैं—एक साहित्यिक भाषा और दूसरी राजभाषा। साहित्य के क्षेत्र में हिन्दी भाषा में निश्चित गिरावट आई है। आज़ादी के बाद यदि प्रेमचंद को छोड़ दिया जाए तो हिन्दी ने कोई कालजयी साहित्यकार नहीं दिया है। हिन्दी का साहित्यकार खेमों में बँट कर रह गया है, सुविधाभोगी हो गया है। साहित्य का जनमानस से रिश्ता एकदम टूट चुका है।

राजभाषा कार्यान्वयन की बात करते हैं तो पत्राचार के क्षेत्र में हमें कुछ निराशा दिखाई देती है। सरकारी कामकाज में हिन्दी पत्राचार आशातीत नहीं बढ़ा है। इसका एकमात्र कारण मानसिकता रहा है। कोई भी कर्मचारी स्वयं पहल नहीं करना चाहता। जब से हिन्दी विभाग खुले हैं लोगों ने यह मान लिया है कि हिन्दी का काम केवल हिन्दी अनुभागों को करना है। अतः हिन्दी भाषी प्रांतों में जो हिन्दी के जानकार अधिकारी/ कर्मचारी हैं वे भी मूल पत्राचार के रूप में पहल नहीं करते हैं। एक छोटा-सा परिपत्र पहले अंग्रेजी में बनाया जाता है, इसके बाद हिन्दी विभाग में अनुवाद के लिए भेजा जाता है। जब हिन्दी अनुवाद का परिपत्र जारी होता है तो आलोचक हिन्दी विभाग पर टूट पड़ते हैं। कोई कहता है, मशीनी अनुवाद है। कोई कहता है बड़ा क्लिष्ट है। कोई कहता है कि इन हिन्दी वालों ने हिन्दी की रेड़ मार दी है। प्रश्न यह उठता है कि जब हिन्दी भाषी प्रांत के एक कार्यालय में नब्बे फीसदी लोग हिन्दी के जानकार हैं तो वह परिपत्र मूलतः हिन्दी में क्यों नहीं बनाया जाता, क्यों पहले अंग्रेजी में बनाया जाता है। मूल भाषा में अभिव्यक्ति हमेशा सहज होती है। अनुवाद की भाषा हमेशा मशीनी होती है। रही क्लिष्टता की बात, तो कोई भी भाषा हरेक व्यक्ति के लिए सहज नहीं हो सकती है। भाषा की सरलता की बात भी कही जा सकती है, जब प्रयोक्ता का शैक्षणिक स्तर एक सा हो। सरल से सरल भाषा भी दूसरे व्यक्ति के लिए क्लिष्ट हो सकती है। संस्कृत की शब्दावली यदि प्रयुक्त की गई है तो उर्दूनिष्ठ कहेगा क्लिष्ट है। यदि उर्दू की शब्दावली बहुलता है तो अंग्रेजीदाँ कहेगा कि उसके लिए वह भारी है। तात्पर्य यह है कि भाषा की क्लिष्टता केवल नाच न जाने आँगन टेढ़ा वाले नकारात्मक सोच वाले लोगों की महज मन की सनक है। यथा राजा तथा प्रजा। राजा की जो भाषा होगी, वही प्रजा की भाषा होगी। हमारे राजकाज वाले लोग जिस दिन चाहेंगे कि भारतीय भाषाओं का विकास हो तो रातों-रात हो जाएगा।

हमारा कहना तो यह है कि जिस दिन दिल्ली में हिन्दी हो जाएगी, पूरे देश में हिन्दी हो जाएगी। क्योंकि दिल्ली केंद्र में है। भारत सरकार के सभी कार्यालय, मंत्रालय, विभाग दिल्ली में हैं। यदि दिल्ली से पत्र हिन्दी में भेजा जाएगा तो नियमानुसार उसका उत्तर हिन्दी में देना अनिवार्य हो जाएगा और यह सिलसिला एक बार जारी हुआ तो फिर हिन्दी पत्राचार स्वतः होने लगेगा। लेकिन दिल्ली नहीं चाहती कि हिन्दी का पत्राचार बढ़े, लोगों की भागीदारी राजकाज में हो। दिल्ली वाले यानी कि सत्ता वाले शासकों की भाषा जब तक अंग्रेज़ी रहेगी, तब तक उनकी दूरी जनता से ज्यादा रहेगी। जितनी दूरी ज्यादा होगी, उनकी कुर्सी उतनी ही ज्यादा सुरक्षित होगी। दिल्ली वाले केवल भाषण व वोट माँगते समय देशी भाषाओं का प्रयोग

करते हैं। यूँ हर दिल्ली वाला (कुर्सी वाला) अपने बच्चों को विदेश में ही पढ़ाता है ताकि अंग्रेजी पढ़कर उसका पुत्र उसी तरह का शासक (शोषक) बने और आम जनता पर उस पीढ़ी का हमेशा-हमेशा शासन बना रहे। यह तो रही दिल्ली वालों की बात, लेकिन आम कर्मचारी हिन्दी में काम क्यों नहीं करना चाहता है, इसके पीछे उपेक्षा भाव है। निश्चित ही भारतीय भाषाओं के जानकार को अंग्रेजी जानकार की तुलना में कमजोर माना जाता है। इसीलिए यह अच्छी हिन्दी लिखने के मुकाबले टूटी-फूटी गलत-सलत अंग्रेजी लिखना पसंद करता है।

अब राजभाषा की समग्र प्रगति की बात करते हैं। आज बाजार में हिन्दी के अनेक सोफ्टवेअर उपलब्ध हैं जो कार्य अंग्रेजी में हो सकता है कम्प्यूटर पर वह कार्य हिन्दी में भी संभव है। राजभाषा की प्रयुक्ति अब धीरे-धीरे एक अलग प्रयुक्ति बनती जा रही है। राजभाषा की शब्दावली का धीरे-धीरे प्रचार-प्रसार बढ़ने लगा है और आज पूरे देश में राजभाषा के प्रति एक समरस व अनुकूल वातावरण बनने लगा है। निष्कर्षतः हिन्दी से जुड़े लोगों को घबड़ाने की कोई बात नहीं है, हिन्दी का भविष्य उज्ज्वल है। आज प्रशासनिक परीक्षा व बैंकों की अधिकारी स्तर की कई परीक्षाओं का माध्यम हिन्दी हो गया है। प्रतिवर्ष हिन्दी माध्यम से सैकड़ों आई.ए.एस. उत्तीर्ण हो कर आते हैं। वह दिन दूर नहीं, जब हिन्दी की बिंदी अंग्रेजी महिला अपने मस्तक पर सुशोभित करेगी। इन शब्दों के साथ भारत सरकार के राजभाषा विभाग से अनुरोध है कि इस शताब्दी वर्ष में राजभाषा के प्रचार-प्रसार से संबंधित रोचक उपयोगी कार्यक्रमों की घोषणा कर राजभाषा एककों का मार्ग प्रशस्त करें।

निजीकरण,
भूमंडलीकरण और हिन्दी

जब से सरकारी क्षेत्र में निजी कंपनियों के प्रवेश का मार्ग प्रशस्त हुआ है, तब से राजभाषा से जुड़े लोगों में चिंता के अंकुर दिखाई पड़ने लगे हैं। उन्हें अपना भविष्य अंधकार में दिखाई देने लगा है। बात भी ठीक है, जब पूर्णतः केंद्र सरकार के मंत्रालयों/विभागों में ही हिन्दी से जुड़े लोगों का कोई निश्चित भविष्य अभी तक सुनिश्चित नहीं हो पाया है तो फिर निजी कंपनियों में हिन्दी की क्या स्थिति होगी, यह निश्चित ही एक ज्वलंत प्रश्न है जिसका अभी से उत्तर/समाधान हल खोजा जाना समय की माँग है।

यदि केंद्र सरकार के विभागों की बात छोड़ दी जाए तो भारत सरकार के अधीन आने वाले उपक्रमों में हिन्दी से जुड़े लोगों का अधिकांशतः एक कैडर निश्चित हो चुका है। कुछ जगह मानव संसाधन विकास विभाग के साथ तो कहीं कार्मिक व प्रशासन विभाग के साथ तो कहीं बिलकुल अलग कैडर बना दिया गया है। बैंकों में तो महाप्रबंधक (राजभाषा) तक के पद बन चुके हैं। सरकारी उपक्रम भी इस दिशा में तेजी से बढ़ रहे हैं।

अब सरकारी क्षेत्रों में प्राइवेट कंपनियों के प्रवेश व हिन्दी के संदर्भ में चर्चा करते हैं। यह बिलकुल सत्य है कि उपभोक्ता की दृष्टि से पूरे विश्व में हिन्दी क्षेत्र एक बहुत बड़ा विशाल उपभोक्ता क्षेत्र है। जब से भूमंडलीकरण हुआ है, तब से बहुराष्ट्रीय कंपनियों का प्रवेश भारत में हुआ है। इससे निश्चित ही सरकारी, निजी क्षेत्र की कंपनियों तथा बहुराष्ट्रीय कंपनियों में एक प्रतिस्पर्धा बनी है। प्रतिस्पर्धा में उपभोक्ता का फायदा होता है, उसे जहाँ एक ओर पूरे विश्व के हर क्षेत्र का उत्पाद

घर बैठे मिल जाता है वहीं अच्छी गुणवत्ता का माल भी मिल जाता है। प्रतिस्पर्धा की वजह से कीमतों में गिरावट भी आती है जैसा कि आप सभी जानते हैं कि मारुति को अपनी कारों के दाम कम करने पड़े हालाँकि हर उत्पाद पर यह बात लागू नहीं होती। जहाँ कॉर्नफ्लेक्स आपको पहले 35 रुपए किलो साधारण पैक में मिल जाता था आज वही 80 रुपए में मिलता है। बस उसकी पैकिंग बहुत ही अच्छे चित्ताकर्षक पैकेट में होती है। ऊँची दुकान फीका पकवान जैसी स्थिति है। यह हाल लगभग सभी उत्पादों में है। इसका अर्थ यह हुआ कि विदेशी कंपनियाँ भारतीयों को अच्छी पैकिंग में लूट रही हैं।

सरकारी क्षेत्र के बैंकों व निजी बैंकों की बात करना प्रासंगिक होगा। सरकारी बैंक के कर्मचारियों में भी पहले-पहले बड़ा हड़कंप बचा। अब बहुराष्ट्रीय बैंकों की पोल खुलती जा रही है। ये बैंक राष्ट्रीय बैंकों की तुलना नहीं कर सकते क्योंकि राष्ट्रीय बैंकों की पहुँच आम जनता तक है इनकी पहुँच व सोच केवल उच्च वर्ग है। दूसरा राष्ट्रीयकृत बैंकों के पास जो मूलभूत ढाँचा है, उसे जोड़ने में इन निजी बैंकों को पचास साल लगेंगे। पचास वर्षों में क्या स्थिति होगी, कौन जाने? तीसरा ये बैंक केवल लाभोन्मुख हैं, विकासोन्मुख नहीं। राष्ट्रीय बैंकों का उद्देश्य लाभार्जन नहीं है, अपितु भारत का आर्थिक विकास करना भी है। एक उदाहरण द्वारा राष्ट्रीयकृत बैंकों व निजी बैंकों में अंतर मालूम पड़ जाएगा। अभी पिछले छह महीनों से बहुराष्ट्रीय बैंकों के एजेंट बड़ी सरकारी कंपनियों के अधिकारियों के पास गए और उन्हें प्रलोभन देकर क्रेडिट कार्ड पकड़ा आए। किसी-किसी बैंक ने छह महीने तक इस कार्ड पर सीमित मुफ्त सेवा भी प्रदान की। हमारे एक साथी ने बताया कि उसने छह महीने तक कार्ड का बिलकुल उपयोग नहीं किया। छह महीने बाद उसके पास एक बिल आया अमुक राशि के बारे में। उसने पूछताछ की तो बताया डोमेस्टिक प्रभार है। उसने परिभाषा जाननी चाही तो नहीं बताया गया। मालूम पड़ा कि यदि आपने फोन पर कोई पूछताछ की है तो वे इसका भी प्रभार लगा कर आपके खाते में डाल देते हैं। यही अंतर है निजी व सरकारी बैंकों में।

अब हिन्दी और निजीकरण की बात करते हैं तो आप सभी इस बात के साक्षी हैं कि बहुराष्ट्रीय कंपनियों ने इस बात का सर्वे किया और वे इस निष्कर्ष पर पहुँची हैं कि यदि हमें अपना माल ज्यादा लोगों तक पहुँचाना है तो वहीं की भाषा में उत्पादों की जानकारी देनी होगी। यही कारण है कि आज विदेशी कंपनियों ने जहाँ प्रचार सामग्री हिन्दी (भारतीय भाषाओं में भी) छपवाई है वहीं वे उत्पादों की जानकारी भी हिन्दी में दे रहे हैं। आज ही हमारे यहाँ कुछ प्रिंटर्स आए हैं, उन पर लिखा है–'मेड इन जापान' लेकिन उस पर एलपीएप्सन 1007 हिन्दी डॉट मैट्रिक्स प्रिंटर हिन्दी में

लिखा है।

आज टीवी के सारे चैनल हिन्दी का प्रयोग कर रहे हैं। बड़ी-बड़ी कंपनियाँ जो हिन्दी के नाम से नफरत करती थीं अपने विज्ञापन हिन्दी में दे रही हैं। बीबीसी तो अपना घोर वैज्ञानिक कार्यक्रम डिसकवरी तक हिन्दी में प्रसारित कर रही है तो हिन्दी का भविष्य बिलकुल उज्ज्वल है तो हिन्दी से जुड़े लोगों का भी। सरकारी नौकर रहें या प्राइवेट पर रहेंगे जरूर। टीवी चैनलों पर कितने लोगों को रोज़गार मिला है आप जानते हैं। बहुराष्ट्रीय कंपनियों में जो कर्मचारी रखे जाते हैं, वे (भले ही निम्न श्रेणी के हों) हिंदुस्तानी ही रखे जाएँगे और मूलतः हिन्दी को निम्न श्रेणी के मजदूरों ने ही सात समुंदर पार पहुँचाया है उच्चाधिकारियों ने नहीं क्योंकि वे तो अंग्रेजों से दो कदम आगे अधकचरी सभ्यता के पोषक होते हैं।

बहुराष्ट्रीय कंपनियों की प्रचार सामग्री का अनुवाद कौन करेंगे—हिन्दी वाले, तो फिर हिन्दी प्राइवेट क्षेत्र में भी धूम मचाएगी। हिन्दी वाले भी एक बात और ध्यान दें कि जिस भी कंपनी में भारत सरकार की भागीदारी रहेगी, उस पर राजभाषा नियम लागू रहेंगे भागीदारी का अंश ज्यादा हो या कम।

अब हिन्दी अधिकारियों की बात भी करना चाहेंगे। उन हिन्दी अधिकारियों के लिए तो निश्चित ही सही चिंता का विषय है जो हिन्दी के नाम पर चुन कर तो आ गए हैं लेकिन हमेशा रोते रहते हैं। कुछ करना ही नहीं चाहते। हमेशा सुविधाओं का, वेतन का, कैडर का रोना रोते रहते हैं। कुछ ऐसे होते हैं जो हिन्दी को ताक पर रखकर दूसरे विभागों में (फायदा देने वाले विभागों) स्वतः घुस जाते हैं। ऐसे लोग भी हिन्दी के साथ नाइंसाफी करते हैं। उन्हें मालूम नहीं है कि हिन्दी के कारण आपका व्यक्तित्व राष्ट्रीय बना है। आप इसे क्षुद्र क्यों बनाना चाहते हैं। हो सकता है हिन्दी क्षेत्र में सुविधाएँ कम हों लेकिन मान-सम्मान तो अथाह है। मैं इस बात का साक्षी हूँ जब मैं पोर्ट ब्लेअर के एअरपोर्ट पर उतरा तो वहाँ की नराकास के कर्मचारी एअरपोर्ट पर मुझे व मेरे परिवार को लेने आए थे जबकि मैं एलटीसी पर गया था। बशर्ते आप भी हिन्दी वालों को मान-सम्मान दें। आपको पूरे देश में मान-सम्मान मिलेगा।

निष्कर्षतः भले ही आपकी कंपनी का निजीकरण हो जाए लेकिन यदि आपने अपने को ऑल राउंडर बना लिया है तो आपका कुछ नुकसान नहीं होगा। समयानुकूल हमें अपने को परिवर्तित करना होगा। बुश कंपनी ट्रांजिस्टर बनाती थी जब ट्रांजिस्टर का जमाना चला गया तो टीवी बनाने लगी। इंडियन ऑयल बिजली उत्पादन के क्षेत्र में कदम रखने जा रही है। अतः हमें इन परिवर्तनों के लिए पहले से मानसिक रूप से तैयार होना होगा। हिन्दी से जुड़े लोगों को हिन्दी विभाग के

साथ-साथ मानव संसाधन व मानविकी विभागों के कामकाज में दक्ष होते रहना पड़ेगा। मानव संसाधन विभाग का काम भी सीखिए, करिए हिन्दी में। आम के आम गुठली के दाम। फिर आपका कोई भी निजीकरण बाल बाँका नहीं कर पाएगा। आप कह सकेंगे कि हमें कोई भी विभाग सौंप दिया जाए, करेंगे। तो आपकी कंपनी में हमेशा प्रासंगिकता बनी रहेगी? इसलिए निजीकरण से डरने की कोई बात नहीं है। निजी क्षेत्रों में भी भविष्य उज्ज्वल है और हो सकता है कि राजभाषा नियमों का विस्तार निजी क्षेत्र पर भी हो जाए।

सूचना प्रौद्योगिकी व हिन्दी

आजकल आई टी यानी कि इनफोर्मेशन टेक्नोलॉजी अर्थात सूचना प्रौद्योगिकी का नाम बच्चे-बच्चे की जुबान पर चढ़ा हुआ है। आंध्र प्रदेश के चंद्रबाबू नायडू तो देश में सूचना प्रौद्योगिकी के पर्याय जैसे बन गए हैं। सूचना प्रौद्योगिकी के क्षेत्र में आज मात्र विकसित राष्ट्रों में ही नहीं विकासशील व अविकसित राष्ट्रों में एक नई सूचना क्रांति जाग्रत हुई है। कोई भी संदेश आप विश्व के किसी भी कोने में घर बैठे भेज व प्राप्त कर सकते हैं।

आज पूरा विश्व एक ग्लोबल विलेज यानी कि 'भूमंडल गाँव' बन गया है। कंप्यूटर ने सूचना प्रौद्योगिकी को आगे बढ़ाने में महत्त्वपूर्ण भूमिका अदा की है। पहले यह समझा जाता था कि कंप्यूटर का प्रयोग केवल कुछ अनुसंधान अंतरिक्ष व वैज्ञानिक क्षेत्रों में होगा लेकिन अब कंप्यूटर का प्रयोग बैंकों से लेकर खेत-खलिहान तक होने जा रहा है।

अब कंप्यूटर और हिन्दी की बात करते हैं। कंप्यूटर का विकास हमारे देश में नहीं हुआ इसका विकास जापान आदि राष्ट्रों में हुआ। हमने वहाँ से इसकी टेक्नीकल नो हाउ को आयातित किया तो इसकी शब्दावली भी उसके साथ आ गई यानी कि अब पूरा संसार फ्लॉपी के लिए फ्लॉपी सोफ्टवेअर के लिए सोफ्टवेअर और हार्डडिस्क के लिए हार्डडिस्क का ही प्रयोग कर रहा है। क्योंकि इसका नामकरण इनके जन्मदाता देश की भाषा में हुआ जो कि स्वाभाविक है।

किसी भी वस्तु/स्थान/अन्वेषण, आविष्कार का नाम उसका आविष्कारक ही दे सकता है और स्वाभाविक है कि वह अपनी मातृभाषा/राष्ट्रभाषा में देगा। इस दृष्टि से हिन्दी व भारतीय भाषाएँ पिछड़ गईं। क्योंकि यहाँ मात्र राजनीति के क्षेत्र में बूथ लूटने के क्षेत्र में अभिनव प्रयोग हुए अभिनव शब्द गढ़े गए लेकिन विज्ञान के क्षेत्र

में हम अनभिज्ञ बने रहे।

लेकिन पिछले पाँच वर्षों में यह देखने में आया है कि जहाँ एक ओर पहले अमरीका व जापान का कंप्यूटर सोफ्टवेअर व प्रोग्रेमिंग के क्षेत्र में एकाधिकार बना हुआ था वह धीरे-धीरे टूटने लगा और इस क्षेत्र में भारतीय कंप्यूटर विज्ञ बहुत आ गए। परिणाम यह हुआ कि पहले जहाँ पर्सनल कंप्यूटर आम आदमी की पहुँच से बाहर था, वह आज आम आदमी (मध्यम वर्ग) का एक खिलौना बन गया। भारतीय कंप्यूटर शास्त्रियों ने इस दिशा में छलाँग लगा दी है और आज अमरीका जैसे देशों में अधिकांशतः भारतीय कंप्यूटर विद् ही काम कर रहे हैं क्योंकि ये सस्ते पड़ते हैं।

अब कंप्यूटर और हिन्दी की बात करते हैं। भारतीय वैज्ञानिकों ने व हमारे भारतीय प्रौद्योगिकी संस्थानों ने इस क्षेत्र में काफी काम किया और सीडैक पुणे ने तो क्रांतिकारी शोध इस दिशा में की और आज हिन्दी में वे सभी सोफ्टवेअर उपलब्ध हैं जो कि अंग्रेजी में हैं।

आज कंप्यूटर पर हिन्दी में कोई भी काम किया जा सकता है। हिन्दी में ई मेल भेजा जा सकता है, अनुवाद किया जा सकता है। रिपोर्टें तैयार की जा सकती हैं आदि आदि।

अब इस मुद्दे पर भी चर्चा करना प्रासंगिक होगा कि क्या कंप्यूटर में हिन्दी संबंधी सभी प्रकार के सोफ्टवेअर व प्रोग्रेमिंग उपलब्ध होने के बावजूद क्या सरकारी कामकाज में हिन्दी का प्रयोग बढ़ा है।

भूमंडली व निजीकरण के चलते आज पूरे विश्व की निगाह भारत पर है क्योंकि भारत सबसे बड़ा बाजार है। इस दृष्टि से सारी कंपनियों ने अपने प्रचार तंत्र के लिए भारतीय भाषाओं को भी चुना है। इलेक्ट्रॉनिकल मीडिया ने हिन्दी को काफी प्रचारित-प्रसारित किया है भले ही विज्ञापनदाता कंपनियों का इसके पीछे लाभ कमाने वाला उद्देश्य रहा है। यानी कि बोलित रूप में हिन्दी का प्रयोग पिछले दशक में अत्यधिक बढ़ा है लेकिन हम राजभाषा व शिक्षा के क्षेत्र में हिन्दी की स्थिति का मूल्यांकन करते हैं तो निराशा मिलती है। शिक्षा के क्षेत्र में अंग्रेजी का बोलबाला दिनोंदिन बढ़ता जा रहा है। भारतीय प्रशासनिक सेवा परीक्षा आदि में भारतीय भाषाओं को विकल्प के रूप में रखा गया है लेकिन भारतीय भाषाओं के माध्यम से बहुत कम उम्मीदवार चुनकर आते हैं। कारण यह मिलता है कि मानविकी विषयों की हिन्दी में हिन्दी या भारतीय भाषाओं के प्रयोग करने वालों को हेय दृष्टि से (व्यवहार में यह बिलकुल सत्य है) देखा जाता है इसीलिए हिन्दी से जुड़े लोग भी अपने बच्चों को अंग्रेजी स्कूलों में पढ़ाते हैं, हिन्दी राजनेताओं के बच्चे विदेशों में पढ़ते हैं।

इस प्रकार बोलित रूप में हिन्दी का प्रयोग बढ़ा है। जहाँ तक सरकारी कार्य

में हिन्दी का प्रयोग बढ़ने का प्रश्न है, इस क्षेत्र में हमें निराशा देखने को मिलती है।

राजभाषा नियमों के अनुसार पिछले दशक तक यह नीति रही कि हरेक कार्यालयों में देवनागरी के टाइपराइटरों की संख्या रोमन टाइपराइटरों के मुकाबले 50 प्रतिशत रहेगी। चूँकि नियम था अतः इसका अनुपालन पूरे देश में हुआ और देवनागरी के टाइपराइटर खरीदे गए, टाइपराइटर तो आए लेकिन उनका प्रयोग केवल हिन्दी अनुभाग तक सीमित रहा। इसके उपरांत द्विभाषिक इलेक्ट्रॉनिक टाइपराइटर आए, द्विभाषिक टाइपराइटर भी खरीदे गए लेकिन इनका प्रयोग हिन्दी अनुभाग तक ही सीमित रहा और इस दशक में सूचना प्रौद्योगिकी के कारण कंप्यूटर पर हिन्दी के सोफ्टवेअर आए। लेकिन कार्य, कार्य केवल आज भी हिन्दी विभाग से जुड़े कर्मी ही करते हैं किसी अन्य विभाग का एक भी कर्मचारी कार्य नहीं करता है।

निष्कर्षतः यह कहा जा सकता है कि हिन्दी के क्षेत्र में जो स्थिति देवनागरी टाइपराइटरों के जमाने में थी कमोबेश वही स्थिति हिन्दी सोफ्टवेअर आ जाने पर भी है। जब तक हमारी मानसिकता में परिवर्तन नहीं आएगा तब तक भारतीय भाषाओं का उद्धार नहीं हो पाएगा। कितने ही पुष्पेंद्र चौहान व श्री पाठक आंदोलन चलाते रहें और दिखाने को उनके साथ राष्ट्रपति, प्रधानमंत्री व अन्य नेतागण धरने पर बैठते रहें, भारतीय भाषाओं का उद्धार नहीं होगा।

राजभाषा कार्यान्वयन : समस्या व समाधान

जहाँ काम है वहाँ परेशानियाँ होना भी स्वाभाविक है। जहाँ काम ही नहीं वहाँ परेशानियाँ काहे की। फिर राजभाषा तो राष्ट्रीय महत्त्व का विषय है और राष्ट्रीय विषयों के कार्यों में ज्यादा परेशानियाँ होती हैं। राजभाषा कार्यान्वयन के क्षेत्र में मुश्किलों का होना स्वाभाविक है। राजभाषा कार्यान्वयन का कार्य एक बड़ी ही चुनौती भरा कार्य है; तलवार की धार पर चलने जैसा जोखिमपूर्ण कार्य है। और इस कार्य का कार्यान्वयन प्राणी है हिन्दी अधिकारी–हिन्दी अधिकारी बिना अधिकार का अधिकारी गलतियाँ होने पर उसे टोकने वाले हजार अच्छे कार्य पर सराहना करने वाला कोई नहीं। अब तक का इतिहास साक्षी है कि राजभाषा अधिकारी ने इस चुनौतीपूर्ण कार्य का भलीभाँति निर्वाह किया है। भले ही उसे जी तोड़ मेहनत करनी पड़ी हो। राजभाषा कार्यान्वयन के क्षेत्र में आने वाली परेशानियों/कठिनाइयों के कई प्रकार हैं।

केन्द्र सरकार के दफ्तर/उपक्रम के दफ्तर व बैंकों के दफ्तर सबकी अपनी-अपनी समस्याएँ हैं। फिर भी कुछ ऐसी समस्याएँ जो कि कॉमन हैं, उन्हें यहाँ संक्षेप में लिया जा रहा है :

कई विभागों में हिन्दी अधिकारी को अपने विभाग प्रमुख तक पहुँचने में अनेकों सीढ़ियाँ चढ़नी पड़ती हैं। लिहाजा अंतिम सीढ़ी तक कुछ ही हिन्दी अधिकारी पहुँच पाते हैं, अन्यथा अधिकांश बीच में ही रुक जाते हैं। विपथित हो जाते हैं। अतः हिन्दी अधिकारियों की रिपोर्टिंग सीधे प्रमुख को होनी चाहिए।

कुछेक विभागों को अपवादतः छोड़ दिया जाए तो अधिकांश में हिन्दी अधिकारियों को न बैठने की जगह, न कार्य करने का अच्छा वातावरण प्रदान किया

जाता है। उसे कोने में बैठा दिया जाता है। उसे टेलीफोन जैसी सुविधाएँ भी नहीं मिलती हैं।

विनम्र सुझाव है कि हर हिन्दी अधिकारी के कार्यालय व आवास पर टेलीफोन की सुविधा अवश्य उपलब्ध कराई जाए।

अधिकांश विभागों में हिन्दी अधिकारी के पास स्टाफ के नाम पर मात्र एक क्लर्क टाइपिस्ट होता है। जबकि हिन्दी विभाग का कार्य असीमित है। भारत सरकार द्वारा निर्धारित मानदंडों के अनुसार भर्ती हो जाती है तो पत्राचार के क्षेत्र में—आशातीत वृद्धि हो जाएगी। क्योंकि कोई और करे न करे हिन्दी के नाम पर रोजी-रोटी पाने वाले ये बंदे तो करेंगे ही।

संसदीय राजभाषा समिति/राजभाषा विभाग से अनुरोध के इस मुद्दे पर विशेष ध्यान दें।

कुछ मुश्किलें छोटे नगरों की नराकास की हैं। मेट्रोनगरों—दिल्ली, मुम्बई, कलकत्ता आदि में हरेक विभाग के मुख्यालय/आंचलिक कार्यालय होने के कारण उन्हें फंड की कोई कमी नहीं होती—मगर वडोदरा, मथुरा जैसे छोटे नगरों में स्थित कार्यालयों को फंड की स्वीकृति में काफी परेशानी होती है। सामूहिक कार्यक्रमों के लिए छोटे कार्यालय अपने आंचलिक/मुख्यालय को लिखते हैं तो वे उत्तर देते हैं कि इसकी कोई जरूरत नहीं है। हम अपने यहाँ की नराकास में उचित सहयोग दे रहे हैं। प्रश्न यह है कि क्या संसदीय राजभाषा समिति को भी यह उत्तर दिया जा सकता है कि आप वडोदरा में स्थित हमारे अमुक कार्यालय का निरीक्षण मत कीजिए। क्योंकि वह छोटा है।

भारत सरकार के राजभाषा विभाग से अनुरोध है कि जहाँ-जहाँ नराकास हैं, वहाँ-वहाँ सभी छोटे बड़े कार्यालयों को समान यूनिट मानते हुए उनके मुख्यालयों को समान भागीदारी हेतु स्वीकृति देनी चाहिए।

राजभाषा विभाग के क्षेत्रीय कार्यालयों पर कार्य के ज्यादा बोझ को देखते हुए नराकास समितियों को उनके क्षेत्र में आने वाले कार्यालयों के निरीक्षण का अधिकार सौंपा जाना चाहिए।

राजभाषा विभाग के प्रतिनिधि वर्ष में अधिक से अधिक पाँच कार्यालयों का ही निरीक्षण कर पाते हैं। इस प्रकार काफी कार्यालय निरीक्षण के लिए शेष रह जाते हैं। चूँकि सदस्य सचिव हरेक कार्यालय की वस्तुस्थिति से ज्यादा वाकिफ होते हैं। अतः उनको यह दायित्व सौंपा जा सकता है।

यह बात कुछ हद तक सत्य है कि अधिकांशतः इन रिपोर्टों में भरे जाने वाले आँकड़े अनुमानित होते हैं। आँकड़ों को सही बिठाने के लिए हिन्दी अधिकारी का

काफी समय चला जाता है। जिसे यह कार्यान्वयन में लगा सकते हैं। हमारा सुझाव है कि त्रैमासिक रिपोर्ट से संबंधित प्रपत्र में परिवर्तन कर उसे आँकड़ेपरक के स्थान पर विवरणात्मक बनाया जाना चाहिए।

कंप्यूटर पर अधिक से अधिक कार्य हिन्दी में हों। इसके लिए हिन्दी से जुड़े स्टाफ के लिए प्रशिक्षण की व्यवस्था बहुत ही मामूली शुल्क पर हर क्षेत्र में की जानी चाहिए।

हम समझते हैं कि यदि विवेच्य मुश्किलों व उनके समाप्त की ओर उचित ध्यान दिया जाए, तो समस्याएँ काफी हद तक दूर हो सकती हैं। और राजभाषा कार्यान्वयन के क्षेत्र में और ज्यादा तेजी आ सकती है।

राजभाषा
नीति और पारदर्शिता

देश का दुर्भाग्य है कि आज़ादी के पचास वर्ष बीत जाने के बाद भी देश के आम नागरिकों के लिए उच्चतम न्यायालय के दरवाजे आज भी बंद हैं। वह अपने न्याय के लिए अपने अधिकार के लिए भारतीय भाषाओं के साथ उच्चतम न्यायालय में नहीं जा सकता है।

राजभाषा नियमानुसार भारत संघ के अधीन आने वाले कार्यालयों में सेवारत कोई भी कर्मचारी अपना कामकाज हिन्दी या अंग्रेजी में कर सकता है। इसके कारण वह अंग्रेजी के विकल्प को ही चुन लेता है। जहाँ एक ओर राजभाषा अधिनियम की धारा जम्मू-कश्मीर पर लागू नहीं होती है वहीं राजभाषा नियम 1976 पूरे तमिलनाडु राज्य पर लागू ही नहीं होते फिर वहाँ द्विभाषिकता का क्या होगा? यही कारण रहा है कि राजभाषा कार्यान्वयन एक आँकड़ापरक बनकर रह गया है।

इसका अर्थ यह कतई नहीं है कि हिन्दी ने प्रगति ही नहीं की है। इस संदर्भ में हमारा मानना है कि हिन्दी की प्रगति देश की प्रगति की आनुपातिक है। जितनी प्रगति देश ने की उतनी हिन्दी ने भी की है। देश ने कोई छलाँग तो लगा नहीं दी है इन विगत पचास वर्षों में सो हम हिन्दी से अपेक्षा करें। तकनीकी व वैज्ञानिक क्षेत्र में हम टेक्नोलॉजी पहले भी आयात कर रहे थे आज भी कर रहे हैं। हम इंजीनियरिंग, मेडीकल व तकनीकी संस्थानों में अनुवादक तैयार कर रहे हैं आविष्कारक नहीं, यही कारण है कि भारतीय भाषाएँ तकनीकी के क्षेत्र में अनुवाद की भाषा बनकर रह गई हैं। मौलिक भाषा तो आविष्कारकों की हुआ करती है वो हमने किए नहीं, हम राजनीति में जरूर नित नए आविष्कार कर रहे हैं। तकनीकी के क्षेत्र में नहीं।

हिन्दी का स्वरूप दो तरह का है—एक बोलित भाषा यानी कि संवाद की

भाषा–आम बोलचाल की भाषा। इस दिशा में मीडिया के कारण हिन्दी न केवल भारत की बल्कि विश्व की भाषा बन चुकी है। दूसरा स्वरूप है राजभाषा का यानी कामकाज की भाषा का। इस क्षेत्र में अभी अपेक्षित प्रगति नहीं हुई। उसका कारण है हमारी राजभाषा नीति का पारदर्शी न होना। राजभाषा कार्यान्वयन से जुड़ी संस्थाओं का निष्प्रभावी रहना। उच्च पदस्थ अधिकारियों की मानसिकता का न बदलना। राजभाषा कार्यान्वयन के बेहतर कार्यान्वयन के संदर्भ में हमारे निम्नांकित सुझाव हैं :

सातवें दशक में संसदीय राजभाषा समिति में हिन्दी के प्रबल समर्थक व प्रखर सांसद थे। उनकी वजह से 1970 से 1980 के दशक में हिन्दी स्टाफ की बड़ी तेजी से भर्ती हुई। यह एक लघु संसद है। इसकी सिफारिशों की अनदेखी कोई संस्थान नहीं कर सकता है। संसदीय समिति के पुनः सक्रिय होने की आज महती आवश्यकता है।

राजभाषा नियमों के अनुसार हिन्दी के पदों के सर्जन का जो मानदंड रखा जाता है, उसका एक प्रतिशत भी किसी भी संस्थान में अनुपालन नहीं हुआ है। बड़े से बड़ा संस्थान हो चाहे छोटे से छोटा संस्थान अधिकांश में एक हिन्दी अधिकारी के साथ एक क्लर्क टाइपिस्ट लगाकर राजभाषा कार्यान्वयन की इतिश्री समझ ली गई है। पूरा कार्यालय उन्हें हिन्दी वाला कहकर पुकारता है। उन्हीं से हिन्दी कार्य की अपेक्षा होती है जितना वो हिन्दी में कार्य करते हैं। रिपोर्टों में वही जाता है।

अतः संसदीय समिति तथा राजभाषा विभाग क्षेत्रीय कार्यालय इस दिशा में पहल कर हिन्दी के सर्जित पदों पर सभी संस्थानों में भर्ती करवा पाते हैं तो पत्राचार के क्षेत्र में यह एक क्रांतिकारी कदम होगा क्योंकि जो आदमी हिन्दी की रोटी खाता है वह उसका निर्वाह जरूर करेगा। इस प्रकार भले ही और करें न करें हिन्दी के पदों पर आसीन कर्मचारी तो हिन्दी में काम करेंगे ही। इस प्रकार हिन्दी पत्राचार में काफी वृद्धि हो सकेगी।

आँकड़ा स्वयं रूप की दृष्टि से वक्राकार है तो भला उससे सीधेपन की बात कैसे कही जा सकती है। आँकड़ा और वृद्धि दोनों घनिष्ठ हैं। आँकड़े हिन्दी रिपोर्टों में ही नहीं सभी विभागों की रिपोर्टों में ऐसे ही दिए जाते हैं।

बेचारा हिन्दी अधिकारी करे तो क्या करे उसे भी तो अपनी रोजीरोटी देखनी है। वैसे ही उपेक्षित है। उसके साथ के अन्य विभागों के अधिकारी कब के प्रबंधक व महाप्रबंधक बन गए हैं। वह आज भी बिना अधिकार का अधिकारी है। राजभाषा विभाग को इस दिशा में ठोस कदम उठाना चाहिए। सुझाव है कि रिपोर्ट आँकड़ापरक नहीं विवरणात्मक होनी चाहिए। राजभाषा विभाग इस दिशा में

सोचकर त्रैमासिक रिपोर्ट के प्रपत्र में आवश्यक परिवर्तन करे।

वार्षिक कार्यक्रम में हर विभाग के उच्चाधिकारियों के लिए हिन्दी कार्य के लिए कुछ प्रतिशत लक्ष्य निर्धारित करना चाहिए। राजभाषा विभाग व संसदीय राजभाषा समिति उच्चाधिकारियों के कार्यों का भी अवलोकन करें। इससे राजभाषा कार्यान्वयन के क्षेत्र में गुणोत्तर वृद्धि होगी क्योंकि उच्चाधिकारियों का अनुसरण करते हुए अधीनस्थ कर्मचारी भी हिन्दी में काम करने लगेंगे।

देखने में आया है कि प्रोत्साहन योजनाओं का राजभाषा कार्यान्वयन पर कोई अनुकूल प्रभाव नहीं पड़ा है बल्कि प्रतिकूल प्रभाव ही पड़ा है। जिस दिन यह व्यवस्था बंद हो जाएगी, उस दिन लोग हिन्दी में काम करना बंद कर देंगे। अतः इस तुष्टिकरण की नीति व नकद प्रोत्साहन योजनाओं का राजभाषा कार्यान्वयन के व्यापक हित में पुनर्मूल्यांकन करना चाहिए।

राजभाषा नियमों के अनुसार कोई भी केंद्र सरकार का कर्मचारी अपना कामकाज हिन्दी या अंग्रेजी में कर सकता है। इस विकल्प का सहारा लेते हुए अधिकांश कर्मचारी हिन्दी में काम करते हैं। अतः इस विकल्प को खत्म कर देना चाहिए। भले ही दस वर्ष की सीमा अवधि निश्चित कर दी जाए कि अमुक तारीख से हिन्दी भारत संघ की राजभाषा होगी जो 'क', 'ख' और 'ग' सभी क्षेत्रों (केंद्र सरकार के कार्यालयों) पर समान रूप से लागू होगी।

नगर राजभाषा कार्यान्वयन समितियों की सार्थक भूमिका को देखते हुए यह अच्छा रहेगा कि जिला स्तर पर नराकास का गठन किया जाए और अधिकारों का विकेंद्रीकरण करते हुए संयोजक कार्यालयों को क्षेत्रीय कार्यालयों के सभी अधिकार दे दिए जाएँ।

सभी संस्थानों में हिन्दी पदों की पदोन्नति के लिए स्पष्ट चैनल बनाए जाएँ तथा उन्हें अन्य काडरों की तरह बनाया जाए। हिन्दी अधिकारियों को जन संपर्क अधिकारी मानते हुए सभी सुविधाएँ दी जानी चाहिए।

देवनागरी लिपि में अभी काफी सुधार की आवश्यकता है। यदि इसमें से शिरोरेखा को हटा दिया जाए तो गुजरात को यह मान्य होगी। लिपिकारों की सिफारिशों पर इसको इस प्रकार संशोधित किया जाए कि यह बंगला, उड़िया, असमिया, पंजाबी आदि भाषाओं की भी लिपि बन सके। नेपाली, मराठी, सिंधी, कश्मीरी और कोंकणी की यह आज भी लिपि है।

भारतीय भाषाओं के लिए उच्चतम न्यायालय के दरवाजे खोलकर भारत सरकार को देश की जनता को उसके अभिव्यक्ति के मौलिक अधिकार को बहाल कर देना चाहिए।

निष्कर्षतः भाषा नीति के संदर्भ में भारत संघ की नीति पारदर्शी होनी चाहिए। राजभाषा की प्रगति से जहाँ एक ओर राष्ट्र को मजबूती मिलेगी, वहीं देश को स्वभाषा और स्वराज्य की गरिमा मिलेगी। स्वर्ण जयंती के इस महान् अवसर पर भारत सरकार से हमारी यही विनम्र प्रर्थना है।

राजभाषा और डॉक्टर भीमराव आंबेडकर

सर्व ज्ञात है कि भारत के संविधान के निर्माण में भारत रत्न डॉ. भीमराव आंबेडकर की भूमिका अग्रणी रही है। यूँ तो संविधान के सभी भागों व अनुच्छेदों से उनका गहरा संबंध रहा है लेकिन जब राजभाषा संबंधी अध्याय 17 पर संसद में बहस हुई, उस समय डॉक्टर आंबेडकर अस्वस्थ चल रहे थे। लिहाजा बहस में भाग नहीं ले सके और राजभाषा संबंधी विषय पारित कर दिया गया। जिसके तहत हिन्दी को भारत संघ की राजभाषा (ऑफिशियल लेंग्वेज) के रूप में स्वीकार किया गया। राजभाषा को देवनागरी लिपि में लिखे जाने की व्यवस्था की गई। अंकों के मामले में भारतीय अंकों के अंतरराष्ट्रीय स्वरूप वाले अंकों 0, 1, 2, 3, 4, 5, 6, 7, 8, 9 को मान्यता दी गई अर्थात हिन्दी संघ की राजभाषा रहेगी। लेकिन प्रांतीय सरकारें अपने यहाँ कामकाज अपनी प्रांतीय भाषाओं में कर सकेंगी। संसद की कार्यवाही हिन्दी या अंग्रेजी दोनों में से किसी भी भाषा में चल सकेगी। संसद के अंदर कोई भी सांसद अपनी मातृभाषा में प्रश्न पूछ सकेगा। उच्चतम न्यायालय की भाषा जब तक कोई और व्यवस्था नहीं हो जाती, अंग्रेजी रहेगी। उच्च न्यायालय अपने यहाँ अपनी प्रांतीय भाषाओं में कार्यवाही कर सकते हैं। शुरू-शुरू में 15 वर्ष तक हिन्दी के साथ-साथ अंग्रेजी के चलते रहने की बात कही गई लेकिन अब तक 15 वर्ष की अवधि तीन बार बीत चुकी है लेकिन अंग्रेजी अभी उसी स्थिति में है। इसके लिए हमारी यह सवैधानिक व्यवस्था ही दोषी है अन्यथा हिन्दी कब की आ गई होती।

डॉ. भीमराव आंबेडकर इस भाषा नीति से कतई सहमत नहीं थे। अतः उन्होंने राजभाषा विषय पर 1955 में स्वतंत्र रूप से अपने विचार जन संचार माध्यमों के माध्यम से जनता के सम्मुख रखे। डॉ. आंबेडकर का मत था कि 'एक राष्ट्र एक

भाषा' के सिद्धांत को मान्यता दी जानी चाहिए। अन्य दशा क सावधान का हवाला देते हुए उन्होंने कहा कि जहाँ एक राष्ट्र बहुभाषा के सिद्धांत को अपनाया गया है, वहाँ राष्ट्रीय एकता कभी भी मज़बूत नहीं हो पाई है यथा ऑस्ट्रियन साम्राज्य तथा पुराने तुर्की साम्राज्यों में एक भाषा नहीं थी। जबकि इटली, इंग्लैंड, संयुक्त राज्य अमेरिका ने एक राष्ट्र, एक भाषा के सिद्धांत को अपनाया तो आज भी वहाँ राष्ट्रीय एकता को कोई खतरा नहीं है।

केन्द्र स्तर पर अलग भाषा और प्रांत स्तर पर अलग भाषा रखने का सीधा-सादा अर्थ है कि हमने दो राष्ट्रीयताएँ स्वीकार कर ली हैं। भाषा राष्ट्रीयता का प्रतीक होती है संस्कृति का वाहक होती है! एक देश में दो राष्ट्रीयता नहीं चल सकती हैं। अगर ऐसा होता है तो हम पुनः मध्य युगीन काल में पहुँच जाएँगे और राष्ट्रीय एकता को पुनः खतरे पैदा हो जाएँगे। जबकि कई प्रदेश थे जो आपस में लड़ते-झगड़ते रहते थे।

भाषा के आधार पर प्रदेशों का निर्माण कर हमने एक खतरा मोल ले लिया है जोकि जन्मजात है। इस खतरे से निपटा जा सकता है कि संविधान में उस प्रदेश की भाषा को उस प्रदेश की राजभाषा नहीं बनाया जाए। उस प्रदेश की भी राजभाषा हिन्दी ही रहे। एक भाषा लोगों को जोड़ सकती है। दो भाषाएँ लोगों को निश्चित रूप से बाँटेंगी। हम सभी भारतीयों का प्रतिबद्ध कर्तव्य है कि हम हिन्दी को ही अपनी भाषा के रूप में स्वीकार करें। जो भारतीय इस विचार को स्वीकार नहीं करता वह कम से कम हम भारतीय होने का तो गर्व नहीं कर सकता। वह शत प्रतिशत महाराष्ट्रियन, तमिल, गुजराती, तेलुगु हो सकता है किंतु वह भारतीय शब्द के भौगोलिक अर्थों से परे, सच्चे अर्थों में भारतीय नहीं हो सकेगा।

आज जबकि देश के अंदर भाषा विवाद तूल पकड़ता जा रहा हो, कुछ प्रांतों में रेडियो स्टेशन व दूरदर्शन केन्द्रों से हिन्दी में समाचार पढ़े जाने पर घोर आपत्ति प्रकट की जा रही हो ऐसे में निश्चित ही डॉक्टर आंबेडकर का सिद्धांत— 'एक देश--एक भाषा' हमें इस संकट से उबार सकता है। एक भाषा के रूप में डॉ. आंबेडकर ने हमेशा हिन्दी की वकालत की, निश्चित ही हिन्दी ही एक ऐसी भाषा थी और है जो हमें एक सूत्र में बाँधे रख सकती है।

भारतीय भाषाएँ शोषितों की भाषाएँ

इतिहास साक्षी है कि हमेशा उस देश ने ही सर्वाधिक उन्नति की है जहाँ शासक और शोषित दोनों की भाषा एक रही है। भाषा एक तारतम्य है। एक सूत्र है। जब सूत्र ही छिन्न-भिन्न या टूटा हुआ होगा तो संप्रेषण नहीं होगा, संवाद पूरा नहीं होगा। हमारे देश में हमेशा से ही यही रहा है वैदिक संस्कृत काल में वैदिक संस्कृत उच्च वर्ग की भाषा थी तो ठीक उसी समय संस्कृत आम जनता की भाषा थी। संवाद उसी भाषा में सार्थक रूप में स्थापित होता है जोकि जनता की भाषा होती है। यही कारण रहा है कि महर्षि वाल्मीकि व वेद व्यास द्वारा आम जनता की भाषा में रचित रामायण व महाभारत बड़े ही लोकप्रिय हुए। मगर ज्यों ही संस्कृत को नियमों से बढ़कर क्लिष्ट बनाया गया इसके समानांतर पाली भाषा फूट पड़ी और गौतम बुद्ध ने इसका पूरा-पूरा फायदा उठाते हुए अपनी जातक कथाएँ और धम्म पद इस भाषा में रचे/प्रसारित किए जो कि बहुत लोकप्रिय हुए। पाली से प्राकृत और अपभ्रंश होते हुए हिन्दी का विकास 1000 ईसवी के लगभग शौरसेनी अपभ्रंश से हुआ। मुगल हमारे यहाँ आक्रांता रूप में आए उनके साथ-साथ भाड़े के सैनिक होते थे। भाड़े के सैनिकों की भाषा उर्दू कहलाई और उर्दू हमारे यहाँ सरकारी कामकाज की भाषा बन गई। अंग्रेजों के आने के बाद अंग्रेजी राजकाज की भाषा हो गई। अंग्रेजों ने अपना काम चलाने के लिए जहाँ एक ओर हिन्दी भी सीख ली, लेकिन ज्यादा से ज्यादा अंग्रेजी को थोपा। क्योंकि यह प्रकृति का नियम है जिस देश पर हमें शासन करना है, उसकी भाषा को खत्म कर दो, संस्कृति अपने आप खत्म हो जाएगी। अंग्रेजों ने यही किया।

हमें आजादी मिली और हमने संघ की भाषा के रूप में हिन्दी को अपनाया। प्रांतीय सरकारें अपना कामकाज अपने यहाँ की प्रांतीय भाषाओं में करेंगी ऐसी व्यवस्था हमारे संविधान के अंतर्गत की गई।

हम अपने गणतंत्र के 45 वर्ष पूरे कर चुके हैं लेकिन भाषा के मामले में वहीं खड़े हैं जहाँ कि आजादी के पूर्व खड़े थे। आज भी हमारा बच्चा 15 वर्ष तक तो अंग्रेजी रटने में बरबाद कर देता है जबकि शिक्षा केवल मातृभाषा में अच्छी तरह से ग्रहण की जा सकती है।

हमने भाषा का राजनीतिकरण कर दिया। चुनाव के समय हम वोट हिन्दी में माँगते हैं लेकिन संसद में जाते ही हिन्दी भूल जाते हैं। कोई भी दल हो वह हृदय से हिन्दी नहीं चाहता क्योंकि यदि हिन्दी या प्रादेशिक भाषाएँ शिक्षा का माध्यम हो जाएँगी तो उनके बच्चों और आम जनता के बच्चों में फर्क क्या रहेगा। वे नहीं चाहते कि मजदूर-किसान का बेटा भी शासक बने इसलिए वे अंग्रेजी की अनिवार्यता की दुहाई देते रहे हैं। अपने बच्चों को विदेशों में पढ़ाते रहे हैं ताकि वे हमेशा-हमेशा शासक बनने के ही सपने देखें। हमारे यहाँ की मानसिकता बन गई है कि हर जगह टूटी-फूटी अंग्रेजी बोलने वालों को ही महत्ता दी जाती है क्योंकि हमें गुलामी की जो आदत पड़ी हुई है।

अभी हाल में उत्तर प्रदेश सरकार ने अंग्रेजी की अनिवार्यता को बिलकुल खत्म कर दिया है। पीसीएस की सारी परीक्षाओं से अंग्रेजी का अनिवार्य प्रश्न पत्र हटा दिया गया है। सरकारी कामकाज केवल हिन्दी में करने के निर्देश जारी कर दिए हैं।

दूसरी तरफ बिहार की मुख्यमंत्री ने अपने यहाँ अंग्रेजी को अनिवार्य बना दिया है। अब आम जनता/छात्र उत्तर प्रदेश सरकार के निर्णय को सराहेंगे जबकि यह निर्णय एक चुनावी स्टंट से ज्यादा कुछ नहीं है क्योंकि जब तक केन्द्र द्वारा संचालित अखिल भारतीय स्तर की परीक्षाओं का माध्यम हिन्दी नहीं हो जाता। उत्तर प्रदेश का छात्र चाहे कितना भी बुद्धिमान हो मगर अंग्रेजी ज्ञान के अभाव में वह प्रतियोगिता में नहीं आ पाएगा। शासक यही चाहते हैं कि आम जनता का बालक जहाँ है वहीं रहे और उनके बच्चे अंग्रेजी मीडियम स्कूल में पढ़कर उनकी तरह ही शासन करें।

हम यहाँ बिहार सरकार के निर्णय को सही बताएँगे। जब तक देश की सारी परीक्षाओं का माध्यम हिन्दी नहीं हो जाता तब तक अंग्रेजी जरूर पढ़ाई जानी चाहिए अन्यथा हिन्दी पढ़े-लिखे लोग शोषितों दलितों की तरह वहीं के वहीं रहेंगे। निश्चित ही हिन्दी/भारतीय भाषाएँ दलितों की भाषाएँ हैं। शोषितों की भाषाएँ हैं और यदि हिन्दी/भारतीय भाषाओं का विकास होगा तो दलितों का विकास होगा और यह हृदय से कोई नहीं चाहता है और जब शोषित-पीड़ित आम धारा में नहीं आएँगे, देश भी

आशातीत प्रगति नहीं कर पाएगा। बिना अंग्रेजी ज्ञान के विकास असंभव है। यह मात्र रोना है इससे ज्यादा कुछ नहीं है क्योंकि जर्मनी, जापान, पोलैंड जैसे देशों ने अपनी भाषाओं के माध्यम से आशातीत प्रगति कर अंग्रेजी और विकास के संबंध को निर्मूल सिद्ध कर दिया है।

हम अंग्रेजी ज्ञान के आधार पर केवल अनुवादक बने रहेंगे। मौलिक नहीं होंगे और इज्जत मौलिक की होती है, अनुवादक की नहीं। जितना अधिक मौलिक अनुसंधान अपनी भाषाओं में करेंगे उतनी ही समृद्ध हमारी भाषाएँ होंगी और उतना ही समृद्ध हमारा देश।

भाषा का और उत्पादकता का गहरा संबंध है। उत्पादन से सीधे जुड़ा हुआ आदमी/कर्मचारी प्रांतीय भाषाएँ ही जानता है। अंग्रेजी नहीं। प्रांतीय भाषाओं में वह जितने बेहतर ढंग से तकनीकी को समझेगा उतने बेहतर तरीके से अंग्रेजी में नहीं समझ सकता। यही कारण है कि नियंत्रण अधिकारी अपने अधीनस्थ कर्मचारी को जो संदेश देना चाहता है, वह भाषा के अभाव में पूरा ही नहीं पहुँचता। जिसके कारण उत्पादकता और गुणवत्ता पर काफी विपरीत प्रभाव पड़ता है।

निष्कर्षतः यदि हमें राष्ट्र को विकासशील से विकसित राष्ट्रों की पंक्ति में ले जाना है तो निश्चित ही हमें अपनी भारतीय भाषाओं के विकास के संदर्भ में सोचना होगा अन्यथा हम जिस मंथर गति से आगे बढ़ रहे हैं, उसी पर चलते रहेंगे, दूसरों की नकल करते रहेंगे। मेरा देश महान् का नारा लगाते रहेंगे।

कस्तूरी मृग बनाम हिन्दी अधिकारी

हिन्दी अधिकारी केंद्र सरकार के हर दफ्तर में पाए जाने वाला एक निरीह प्राणी है। कुछ लोग इसे 'हाथ जोड़ो' अधिकारी कहते हैं, कुछ 'भार अधिकारी' कहते हैं, कुछ इसे 'भाषा का दरोगा' कहते हैं, कुछ 'पंडित जी' भी कहते हैं। इसकी शैक्षणिक योग्यता एम.ए. (हिन्दी/अंग्रेजी/संस्कृत) है। स्नातक स्तर तक अंग्रेजी पढ़ी हो यह आवश्यक है। अगर अनुवाद का भी अनुभव हो तो सोने में सुहागा। संसदीय राजभाषा समिति ने जब से सरकारी दफ्तरों का, खासकर उपक्रमों का निरीक्षण करना शुरू किया है, इसकी माँग में बेतहाशा वृद्धि हुई है। इसलिए हिन्दी अधिकारी के नाम पर कुछ 'कामचलाऊ' अधिकारी भी भर्ती हो गए हैं।

हिन्दी अधिकारी के कार्य डायरी डिस्पैच से लेकर सर्वोच्च अधिकारी के भाषण लिखने तक होते हैं, इसलिए इसकी चपरासी से लेकर चेयरमैन तक की संगति है। मगर एक ही पद पर बने रहना इसकी नियति है।

इसके कार्यों में अनुवाद प्रमुख है क्योंकि लगभग सभी प्रतिष्ठानों ने सरकारी नीति के पालन स्वरूप हिन्दी अधिकारी तो रख लिया है मगर उसे स्टाफ नहीं दिया है। ज्यादातर हिन्दी अधिकारियों के पास केवल एक क्लर्क-टाइपिस्ट होता है। अतः नोटिंग, ड्राफ्टिंग, पत्रिका प्रकाशन, प्रूफ रीडिंग से लेकर अनुवाद तक का सारा कार्य उसी का रहता है। उसका काफी समय त्रैमासिक रिपोर्ट के आँकड़े जुटाने में ही व्यय हो जाता है क्योंकि अभी हमारी जो मानसिकता है, उसके अनुसार हिन्दी का आदमी केवल हिन्दी अधिकारी या हिन्दी का स्टाफ होता है और कोई नहीं।

कुछ लोग उसे भाषा का तानाशाह कहते हुए आरोप लगाते हैं कि इन हिन्दी

वालों ने हिन्दी को बड़ा ही क्लिष्ट बना दिया है, जबकि उसे एक निर्धारित फ्रेम वर्क के तहत अनुवाद करना होता है। उसकी तुलना रामचरित मानस की चौपाइयों व फिल्मों के गीतों से करने लगते हैं कि हिन्दी ऐसी होनी चाहिए। जबकि कविता की भाषा और कार्यालय की भाषा में काफी अंतर है और कितनी भी सरल भाषा हरेक आदमी के लिए सरल नहीं हो सकती। भाषा की क्लिष्टता भाषा जानने वालों के स्तर पर निर्भर करती है, भाषा प्रयोग है, कोई भी शब्द क्लिष्ट नहीं होता। बार-बार प्रयोग से जब क्लिष्ट शब्द क्लिष्ट नहीं रहता तो फिर क्लिष्टता सिर्फ मन की सोच है और कुछ नहीं।

हिन्दी अधिकारी असीम प्रतिभा का धनी होता है। उसे हिन्दी और अंग्रेजी का अच्छा ज्ञान होता है जबकि अन्य अधिकारियों को नहीं। वह अन्य अधिकारियों का कार्य कर सकता है, लेकिन अन्य अधिकारी उसका कार्य नहीं कर सकते। मगर हमारे कुछ साथी हिन्दी अधिकारियों ने अपने को हीन अधिकारी मान लिया है और वे सिर्फ अनुवाद तक सिमट कर रह गए हैं। इसलिए उनकी भागीदारी नहीं है, वह एक अच्छा जन संपर्क अधिकारी भी होता है। ज्यादातर संस्थानों में हिन्दी अधिकारी सरकारी समारोहों का मुख्य आयोजक होता है और इस आयोजन के माध्यम से वह आम कर्मचारियों का भारतीय संस्कृति से परिचय कराता रहता है।

यह बात भी सही है कि गद्दी वाले ही नहीं रद्दी वाले भी हिन्दी को महत्ता कम देते हैं। इसीलिए हिन्दी अखबार की रद्दी को अंग्रेजी अखबार की तुलना में काफी कम दर पर लेते हैं। ज्यादातर कार्यालयों में हिन्दी अधिकारी को उतना महत्त्व नहीं दिया जाता जितना कि दिया जाना चाहिए।

इसके लिए हिन्दी अधिकारी ही जिम्मेदार है। 'कुछ तो मियाँ बावरे कुछ पी लीनी भंग' कहावत को चरितार्थ करते हैं।

निष्कर्षतः हिन्दी अधिकारी कस्तूरी मृग की भाँति है, जो अपनी असीम क्षमता व उर्वरा शक्ति को पहचान नहीं पाता है और अपने को हीन समझने लगता है। जबकि उसे यह भान होना चाहिए कि सच्चे मायने में वह एक बहुत पुनीत एवं राष्ट्रीय कार्य कर रहा है। इसलिए उसे उचित मान-सम्मान व महत्त्व दिया जाना चाहिए, क्योंकि सच्चे मायने में ये बेचारे हिन्दी अधिकारी भारतीय संस्कृति के सच्चे ध्वजावाहक है।

बहुआयामी व्यक्तित्व का प्रभारी : हिन्दी अधिकारी

एक प्रतिष्ठित कंपनी के अध्यक्ष ने एक परामर्शदात्री संगठन को बुलाया और उसे अपनी अपेक्षाएँ बताते हुए कहा कि मितव्ययिता के चलते हमें एक ऐसा अधिकारी चाहिए जो डायरी, डिस्पैच, टाइपिंग, नोटिंग-ड्राफ्टिंग, एडिटिंग, ट्रांसलेटिंग, इंटरप्रेटिंग व क्लीनिंग का भी कार्य कर सके। परामर्शदात्री संगठन के अधिकारी ने अध्यक्ष से कहा तो फिर आप ये क्यों नहीं कहते हैं कि आपको एक हिन्दी अधिकारी चाहिए।

जी हाँ, इस देश में हिन्दी अधिकारी ही एक ऐसा निरीह मगर ऊर्जावान अधिकारी है जो कार्यालय के लगभग सभी कार्य भलीभाँति कर सकता है। योग्यता में भी वह अन्य अधिकारियों की अपेक्षा ऊपर ही होता है। हिन्दी/अंग्रेजी/संस्कृत में से एक विषय का तो वह पंडित होता ही है। अन्य भाषा का भी उसे अच्छा ज्ञान होता है, इसके साथ-साथ एक श्रेष्ठ अनुवादक होने के नाते उसे हर समय नए-नए अछूते विषयों की जानकारी भी हासिल करनी होती है। इन सब बातों के बावजूद जब पदोन्नति का नम्बर आता है तो बेचारे को बाई पास कर दिया जाता है। एक क्लर्क टाइपिस्ट सर्वोच्च पदों पर पहुँच सकता है लेकिन हिन्दी अधिकारी को एक पदोन्नति देने में भी प्रबंधन को चैनल ढूँढ़ना पड़ता है। हिन्दी अधिकारियों की मान्यता का बड़ा जटिल प्रश्न है। हिन्दी के प्राध्यापक, हिन्दी के संपादक, हिन्दी के लेखक इसे मात्र एक अनुवादक समझते हैं। हिन्दी अधिकारी है कि फिर भी इन्हें इज्जत देता है, सम्मान देता है। हिन्दी दिवस के अवसर पर मुख्य अतिथि इन्हीं लोगों में से चुनता है। वह भलीभाँति जानता है कि ये लोग दस मिनट भी अच्छी तरह से राजभाषा की बात नहीं कह पाएँगे। सूर, मीरा, तुलसी की बात कहकर चुप हो

जाएँगे जबकि भूमंडलीकरण के इस युग में आज हिन्दी काफी आगे बढ़ चुकी है। कार्यशालाओं में भी ये लोग मात्र शो पीस से और ज्यादा सार्थक नहीं होते हैं। जबकि हमारा दावा है कि बहुत से हिन्दी अधिकारी, डिग्री कॉलिज व विश्वविद्यालय में अच्छी तरह से हिन्दी पढ़ा सकते हैं। जबकि एक प्राध्यापक राजभाषा नहीं पढ़ा सकता फिर भी हिन्दी अधिकारी के अनुभव को अभी तक मान्यता नहीं मिली है।

अभी एक प्रतिष्ठित संस्थान ने उप-महाप्रबंधक (हिन्दी) के पद के लिए रिक्ति विज्ञापित की है उसके लिए संस्थान ने योग्यता पीएच.डी. तथा अनुभव में पंद्रह साल का कॉलिज/विश्वविद्यालय में अध्यापन का अनुभव माँगा है। साथ ही कुछ पुस्तकें प्रकाशित होनी चाहिए। अब उस संस्था को कौन समझाए कि हिन्दी के प्राध्यापक राजभाषा कार्यान्वयन के क्षेत्र में बुरी तरह से फ्लाप हुए हैं। पुस्तकें प्रकाशित होना प्रकाशक के मार्फत टेढ़ी खीर है। अतः अधिकांश अध्यापकों ने पहाड़े छाप अपनी पुस्तकें स्वयं मुद्रित करवा ली हैं। इसके विपरीत एक अच्छा हिन्दी अधिकारी कॉलिज में अच्छी तरह से पढ़ा सकता है लेकिन शिक्षण के क्षेत्र में हिन्दी अधिकारी के अनुभव को अभी तक उन्हें मान्यता नहीं मिली है। ऐसा दुहरा बर्ताव क्यों?

हालाँकि राजभाषा के क्षेत्र में भी संसदीय राजभाषा समिति के डर से कुछ ऐसे-वैसे भी अधिकारी आ गए हैं जिन्हें वाकई भाषा से बिलकुल लगाव नहीं है वे हिन्दी के कार्य में फायदा न समझ कर दूसरे कामों में स्वयं लग गए हैं। कुछ में तो हीन भावना यहाँ तक आ गई है कि अपना परिचय देते समय हिन्दी अधिकारी या राजभाषा प्रबंधक कहने में अपमान समझते हैं और अपने को प्रशासनिक अधिकारी या प्रशासन-प्रबंधक बताते हैं जबकि हिन्दी अधिकारी वन में दहाड़ने वाले शेर के समान होता है। हिन्दी अधिकारी को अपना स्थान स्वयं निर्मित करना होगा और हमारे बहुत से साथियों ने अपना सम्मानजनक स्थान बनाया भी है लेकिन अधिकांशतः लोग अपने को हीन ही समझते हैं। अपना दायरा बढ़ाना ही नहीं चाहते जबकि हिन्दी अधिकारी तो आकाश की तरह असीम विस्तार पा सकता है।

निष्कर्षतः यदि हिन्दी अधिकारियों को कॉलिजों, विश्वविद्यालयों के प्राध्यापकों जैसा मान-सम्मान चाहिए तो इसके लिए उन्हें रचनात्मक तरीके से पूरे देश में एक आंदोलन चलाना होगा अन्यथा राजभाषा से जुड़े लोगों को एक बोझ ही समझा जाता रहेगा। हमेशा ही इसकी अवहेलना की जाती रहेगी।

हिन्दी तभी समृद्ध होगी जब हिन्दी अधिकारी समृद्ध होंगे

राजभाषा हिन्दी या इससे जुड़े स्टाफ का नाम लेते ही हमारे सम्मुख एक दयनीय आकृति आकर खड़ी हो जाती है। हिन्दी और इससे जुड़े स्टाफ को सभी पहलुओं—आर्थिक, सामाजिक, राजनीतिक एवं कार्यालयीन स्तर पर उपेक्षा झेलनी पड़ती है। अंग्रेजी ज्ञान, अंग्रेजी में निमंत्रण-पत्र छपवाना, अंग्रेजी अखबार ब्रीफकेस में रखना और हिन्दी का विरोध, सामाजिक तौर पर एक फैशन बन गया है। आज आम आदमी भी अपने बच्चों को अंग्रेजी माध्यम में ही पढ़ाना चाहता है। कारण सामने है अच्छी अंग्रेजी पढ़ने के बाद आदमी शोषक बन जाता है। जितने भी शीर्षस्थ नेता हैं, चाहे वो धार्मिक हों राजनीतिक हों या सामाजिक सभी के बच्चे न केवल हिंदुस्तान के अच्छे महँगे स्कूलों में बल्कि कुछेक के तो विदेशों में पढ़ रहे हैं। सामाजिक न्याय व ग्रामीण संस्कृति की बड़ी-बड़ी बात करने वाले सभी नेताओं के बच्चे विदेशों में पढ़ रहे हैं। वे जानते हैं कि अंग्रेजी हमेशा से शासकों की भाषा रही है। देसी बोलियाँ, शासितों की, प्रजा की।

आर्थिक स्तर पर बात करते हैं खासकर मानदेय को लेकर यहाँ भी अंग्रेजी और हिन्दी के बीच भारी विषमता है। विभागीय प्रशिक्षण कार्यक्रमों में जब किसी बाहरी व्याख्याता विशेषज्ञ को आमंत्रित किया जाता है तो ट्रेनिंग विभाग उसे विवेकानुसार कितनी भी मानदेय राशि दे सकता है। जबकि यहाँ हिन्दी कार्यशालाओं के लिए अभी भी भारत सरकार द्वारा डेढ़ घंटे के व्याख्यान के मात्र 50 रुपये ही निर्धारित कर रखे हैं। जब कि आज गुजरात में 50 रुपये का दो लीटर पेट्रोल भी नहीं आता है। व्याख्याता को होम वर्क करना पड़ता है स्लाइडें बनानी होती हैं। सरकारी उपक्रमों

में यह राशि कुछ ज्यादा है मगर उतनी नहीं जितनी कि अंग्रेजी माध्यम के व्याख्याताओं को दी जाती है। राजभाषा मास के अंतर्गत आमंत्रित अतिथि/मुख्य वक्ताओं का भी उचित मानदेय नहीं होता है। पारिश्रमिक व मानदेय की कड़ी में हम कवि सम्मेलनों व कवियों के पारिश्रमिक की बात भी करना चाहेंगे। हास्य कवियों ने अहिन्दी क्षेत्रों में हिन्दी को काफी लोकप्रिय बनाया है। दूरदर्शन ने हास्य कवि सम्मेलन आयोजित कर इस दिशा में महत्त्वपूर्ण भूमिका निभाई है लेकिन इसका एक दूसरा नकारात्मक पहलू भी सामने आया कि दूरदर्शन ने हास्य कवियों के नाम पर ऐसे लोगों को कवि के रूप में आरोपित कर दिया जो कि कवि न होकर महज हास्यकार हैं। ऐसे चुटकलेकारों को कवि बना डाला। जनता की दृष्टि में बाबा नागार्जुन, शिवमंगल सिंह सुमन, कैलाश वाजपेयी जैसे कवि, कवि ही नहीं हैं उनकी दृष्टि में तो जो टीवी पर चुटकले सुनाते हैं वे ही कवि हैं। इसका दुष्परिणाम यह भी हुआ कि इन तथाकथित कवियों ने अपने पारिश्रमिक बेतहाशा बढ़ा दिए। एक कार्यक्रम में आने के ये 15 से 20 हजार रुपए की माँग करते हैं और मुंबई व कलकत्ता जैसे महानगरों में जहाँ लोगों को हास्य चाहिए चाहे वो कैसा भी, इन लोगों को इतनी राशि मिल भी जाती है। परेशानी सरकारी विभागों की है जो इतनी राशि कैसे भी नहीं दे सकते हैं। दूसरा पहलू यह भी है कि कुछ विभाग कवियों को कुछ देना ही नहीं चाहते हैं। उन्हें तो बस यूँ ही टरकाना चाहते हैं। इस संदर्भ में हमारा सुझाव है कि बीच की स्थिति होनी चाहिए। कवि को कम से कम उसके मानसम्मान के बराबर मानदेय तो मिलना ही चाहिए। जब हमारा एक चतुर्थ श्रेणी कर्मचारी सरकारी यात्रा पर वातानुकूलित डिब्बे में यात्रा कर सकता है तो कवि तो मौलिक रचनाकार है। हमें कम से कम उन्हें वातानुकूलित दर्जे का मार्गव्यय प्लस सम्मानजनक पारिश्रमिक अवश्य देना चाहिए।

राजभाषा विभाग से हमारा विनम्र अनुरोध है कि अनुवाद/कार्यशालाओं के व्याख्यान आदि की जो मानदेय/पारिश्रमिक राशि है यह बहुत पुराने समय की है। इसमें संशोधन की बहुत जरूरत है। 'भूखे भजन न होय गोपाला' हम यही निवेदन करना चाहेंगे कि यदि हिन्दी को समृद्ध करना है तो हिन्दी वालों को भी समृद्ध करना समय की अपेक्षा है अन्यथा यही कहेंगे कि गद्दी वाले ही नहीं/रद्दी वाले भी/हिंदी को महत्ता कम देते हैं। इसीलिए हिंदी अखबार की रद्दी को, अंग्रेजी अखबार की तुलना में, काफी कम दर पर लेते हैं।

लेकिन सच बात यह भी है कि गद्दी और रद्दी वाले ही नहीं हम स्वयं हिन्दी वाले भी हिन्दी को बिलकुल महत्ता नहीं देते हैं। हम यहाँ शैक्षणिक परीक्षाओं की बात करना चाहेंगे। हिन्दी व मानविकी विषयों के परीक्षक अच्छे से अच्छे विद्यार्थी को भी

60 फीसदी से ज्यादा अंक देना ही नहीं चाहते हैं। पता नहीं यह कौन सी आचार संहिता में लिखा है कि साहित्य में कोई अधिकतम अंक नहीं पा सकता है, यदि परीक्षक परीक्षार्थी के उत्तरों से सहमत है तो हिन्दी या किसी भी साहित्य की परीक्षा में शतप्रतिशत अंक क्यों नहीं दिये जा सकते हैं और कोई भी माई का लाल इसे न्यायालय में चुनौती नहीं दे सकता है। हिन्दी परीक्षकों की कंजूसी के कारण ही अनेकों विद्यार्थी भारतीय प्रशासनिक या राज्य प्रशासनिक परीक्षाओं में हिन्दी विषय नहीं लेते हैं। मैंने तो अपने कई साथियों को राजभाषा की प्रबोध, प्रवीण व प्राज्ञ की मौखिक परीक्षाओं में परीक्षार्थियों को फेल करते देखा है कितना नकारात्मक दृष्टिकोण है यह भाषा के प्रति। यदि हमें हिन्दी वालों को और स्वयं को समृद्ध बनाना है तो हमें भी अत्यंत लचीला, उदारवादी व सकारात्मक दृष्टिकोण अपनाना होगा। अन्यथा हिन्दी अधिकारी, हिन्दी से जुड़े सभी जन और हिन्दी उपेक्षित रहे हैं और उपेक्षित ही रहेंगे।

विश्वविद्यालयीन हिन्दी-शिक्षण और हिन्दी अधिकारी

हिन्दी प्राध्यापक और हिन्दी अधिकारी दोनों ही अपना-अपना जीविकोपार्जन करते हुए अपनी-अपनी शैली में हिन्दी के प्रचार-प्रसार में सेवारत हैं। राजभाषा अधिकारियों का इतिहास भारतीय संविधान के प्रवर्तन के साथ-साथ शुरू होता है। हिन्दी को भारतीय संविधान में राजभाषा घोषित किए जाने के साथ ही भारत सरकार के अधीन आने वाले मंत्रालयों, विभागों, सरकारी निगमों-निकायों, बैंकों आदि में राजभाषा कार्यान्वयन की शुरुआत हुई और फलतः लगभग हर विभाग में हिन्दी अनुभाग की स्थापना हुई। राजभाषा नियम अधिनियम आदि के कार्यान्वयन को समन्वित करने का उत्तरदायित्व हिन्दी अधिकारियों को सौंपा गया। हिन्दी अधिकारियों की नियुक्तियाँ संसदीय राजभाषा समिति की सिफारिशों पर हुईं और 1976 के बाद इस दिशा में काफी प्रगति हुई। आज लगभग हर विभाग में एक हिन्दी अधिकारी अवश्य सेवारत है।

हिन्दी अधिकारी की योग्यता हिन्दी/अंग्रेजी या संस्कृत साहित्य में से किसी एक में अनुस्नातक उपाधि तथा स्नातक स्तर पर अंग्रेजी एक विषय रखी गई। तात्पर्य यह कि इस क्षेत्र में वे ही लोग आए जो कि महाविद्यालयों/विश्वविद्यालयों में प्रवक्ता होने की योग्यता रखते हैं।

हिन्दी अधिकारियों के आने से इन विगत पचास वर्षों में राजभाषा के प्रचार में काफी बढ़ोतरी हुई। पहले जहाँ सरकारी कार्यालयों में केवल अंग्रेजी में ही काम होता था आज वहाँ कुछ लोग आपको हिन्दी में कार्य करते हुए मिल जाएँगे यानी कि जहाँ पहले सरकारी दफ्तरों में हिन्दी की बात करना ही एक अचंभा था वहाँ आज

कम से कम उच्चाधिकारियों की दृष्टि में परिवर्तन तो आया है। माना कि राजभाषा की प्रगति बड़ी धीमी गति से हुई है मगर हुई है। आज पूरे देश में हिन्दी का एक अच्छा वातावरण देश में बना है। इसमें हिन्दी अधिकारियों की भूमिका अहम रही है। कविगोष्ठी, संगोष्ठी, हास्य कवि सम्मेलन, सांस्कृतिक कार्यक्रमों के माध्यम से अप्रत्यक्ष रूप से हिन्दी अधिकारियों ने धीरे-धीरे हिन्दी के प्रति आम लोगों में एक सकारात्मक सोच पैदा करने में सफलता प्राप्त कर ली है।

अब महाविद्यालयों, विश्वविद्यालयों के प्राध्यापकों की बात करते हैं। हिन्दी अधिकारियों ने हिन्दी प्राध्यापकों को न केवल अपना अग्रज बल्कि गुरुवत मानते हुए अपने कार्यक्रमों में सम्मान दिया है। हिन्दी का कोई भी कार्यक्रम, कार्यशाला, गोष्ठी/संगोष्ठी आदि में सुविधानुसार हिन्दी प्राध्यापकों को समादृत किया। इसके विपरीत हिन्दी प्राध्यापकों का रवैया हिन्दी अधिकारियों के प्रति बड़ा ही सीमित रहा है। उन्होंने हिन्दी अधिकारियों को हमेशा निम्न दृष्टि से सुविधाभोगी और हिन्दी की रोटी खाने वाला सरकारी मेहमान माना है या कुछ सरक्युलरों, आफिस आर्डरों का अनुवाद करने वाला दीन हीन अनुवादक। तद्नुसार इन्होंने तथा हिन्दी अकादमियों, सरकारी संस्थाओं आदि ने इन्हें अपने लिए अछूत समझा। किसी भी प्रांत की हिन्दी अकादमी में हिन्दी अधिकारियों को नहीं लिया गया। ऐसा मान लिया गया कि हिन्दी अधिकारी साहित्य के बारे में कुछ नहीं जानते हैं जबकि सत्य इसके विपरीत है। आज विश्वविद्यालयों, महाविद्यालयों में सेवारत प्राध्यापकों का भी तो कोई बहुत अच्छा स्तर नहीं है। यहाँ यह भी उल्लेखनीय है कि हिन्दी अधिकारी के पद के लिए एक हिन्दी शिक्षक प्राध्यापक के अनुभव को मान्यता दी जाती है लेकिन आज तक हिन्दी प्राध्यापक के लिए किसी भी विषय से हिन्दी अधिकारी के अनुभव को मान्यता प्रदान नहीं की गई है। हिन्दी प्राध्यापकों व अकादमियों ने यह सोच बना ली है कि साहित्य रचना केवल हिन्दी प्राध्यापकों का ही जन्मजात अधिकार है जबकि साहित्य रचना और पद का कोई संबंध न था, न है, न रहेगा। हिन्दी अधिकारियों ने पूरे देश में यह सिद्ध कर दिया है कि हिन्दी की सभी विधाओं में लिखने वाले विद्वान इस वर्ग में विद्यमान है, अनेक हिन्दी अधिकारी हिन्दी साहित्य में अच्छा दखल रखते हैं।

राजभाषा हिन्दी की एक अलग प्रयुक्ति बन गई है। आज राजभाषा हिन्दी के माध्यम से रोजगार मिल रहा है इसलिए होना तो यह चाहिए था कि एम.ए. हिन्दी के विद्यार्थियों को राजभाषा हिन्दी की जानकारी दी जानी चाहिए। सूर, कबीर, मीरा की जानकारी होना जरूरी है लेकिन यह रोजगारपरक नहीं है। विश्वविद्यालय, महाविद्यालय के हिन्दी विभागों को चाहिए था कि वे अपने निकटस्थ हिन्दी अधिकारियों को बुलाकर इसकी जानकारी दिलाते। वे हिन्दी की अन्य विधाओं में

भी अच्छा व्याख्यान देने में सक्षम हैं। उन्हें अन्य विषयों के लिए भी आमंत्रित किया जा सकता था लेकिन ऐसा नहीं हुआ। हिन्दी अधिकारी तैयारी के साथ अच्छा व्याख्यान देने में समर्थ हैं क्योंकि उनके पास अच्छी लाइब्रेरी, अच्छी पुस्तकें, अच्छी पत्रिकाएँ सुलभ हैं। यह भी कि हिन्दी अधिकारियों को किसी भी प्रकार के मानदेय की अपेक्षा नहीं रहती। इस प्रकार आदान-प्रदान होना चाहिए था जो नहीं हुआ। यह भी हो सकता था कि विद्यार्थियों को सरकारी दफ्तरों के हिन्दी विभागों की कार्यशालाओं में ले जाया जाता। इंडियन ऑयल गुजरात रिफाइनरी पिछले दो वर्ष से ऐसा अभिनव प्रयोग कर रही है। गुजरात रिफाइनरी अपने यहाँ एक एक दिन के प्रतिवर्ष दो राजभाषा शिविर महाराजा सयाजीराव विश्वविद्यालय, वडोदरा के विद्यार्थियों के लिए आयोजित करती है। शिविर में रिफाइनरी तथा रिफाइनरी के उत्पादों की जानकारी हिन्दी माध्यम से दी जाती है। राजभाषा नियम अधिनियम की साधारण जानकारी, प्लांट भ्रमण जैसे कार्यक्रम रखे जाते हैं। यह प्रयोग अत्यंत सफल व उपयोगी रहा है। विद्यार्थियों ने इस प्रयोग की भूरि-भूरि प्रशंसा की है। यह तभी संभव हो पाया है जबकि महाराजा सयाजीराव विश्वविद्यालय के हिन्दी विभागाध्यक्ष प्रो. पारुकांत देसाई का दृष्टिकोण बहुत ही सकारात्मक रहा। हाँ यहाँ पर सौराष्ट्र विश्वविद्यालय, राजकोट के हिन्दी विभाग के अध्यक्ष डॉ. एस.पी. शर्मा का नाम भी उल्लेखनीय है। उन्होंने अपने प्रयासों से वहाँ हिन्दी अनुवाद का डिप्लोमा पाठ्यक्रम चालू करवाया और वे उसमें व्याख्यान के लिए हिन्दी अधिकारियों को आमंत्रित करते हैं। इसके साथ यूजीसी के सहयोग से भी उन्होंने हिन्दी के विविध विषयों पर भी संगोष्ठियाँ आयोजित की हैं। उसमें विभिन्न विभागों में हिन्दी की प्रगति से सर्वाधिक आलेख पढ़ने के लिए हिन्दी अधिकारियों को भी बुलाया। हिन्दी का अर्थ हिन्दी साहित्य नहीं होना चाहिए बल्कि सभी विषयों में इसका विस्तार होना चाहिए।

निष्कर्षतः हम इस लेख के माध्यम से महाविद्यालय, विश्वविद्यालय, हिन्दी अकादमियों तथा ऐसी ही अन्य संस्थाओं से अनुरोध करते हैं कि वे इस दिशा में खुले मन से सोचें व हिन्दी के व्यापक हित में राजभाषा अधिकारी व हिन्दी से जुड़े सभी व्यक्तियों के बीच एक अच्छा तालमेल, संवाद व संपर्क स्थापित करने के लिए एक अनुकूल वातावरण का निर्माण करने में अपना आशीर्वाद व प्राध्यापकों, शोध-निर्देशकों की नियुक्ति के लिए हिन्दी अधिकारियों के अनुभव को भी मान्यता दिलवाने की दिशा में मार्गदर्शन करें।

आखिर फिल्मवालों को हिन्दी बोलने से एलर्जी क्यों है?

यह सर्वमान्य तथ्य है कि फिल्मों/मीडिया ने हिन्दी को विश्व की भाषा बना दिया है लेकिन तथ्य यह भी है कि फिल्म व मीडिया ने हिन्दी को ही अपनी अभिव्यक्ति के लिए क्यों चुना? संविधान की आठवीं अनुसूची में 18 भारतीय भाषाएँ हैं। अंग्रेजी भी सह राजभाषा है जो व्यवहार में राजभाषा है। इन सब भाषाओं को छोड़कर केवल हिन्दी को चुनना इस बात का प्रमाण है कि हिन्दी सभी भारतीय भाषाओं में अधिक ऊर्जावान सरल, सुबोध, सुगम व आम जनता से बहुत शीघ्र जुड़ने वाली भाषा है। यदि हिन्दी में आम जनता से जुड़ने व सरलता का गुण नहीं होता तो फिल्म वाले इसे कतई नहीं अपनाते। मीडिया (दृश्य व श्रव्य) उस भाषा को ही अपनाता है जिससे आम जनता कम प्रयास व कम समय में अधिक जुड़ जाती है। तात्पर्य यह है कि हिन्दी में ही वह गुण है जो उसे सर्वग्राह्य बनाता है। हिन्दी ने फिल्म/मीडियावालों को मजबूर कर दिया अपनाने के लिए इसलिए फिल्मों ने हिन्दी को अपनी रोजी-रोटी के लिए चुना है न कि किसी नैतिक या सांविधिक दायित्व के तहत। हिन्दी से फिल्म/मीडिया को रोटी मिल रही है और जिससे रोटी मिलती है रोटी का तात्पर्य भोजन से है। भोजन बिना नमक के बन ही नहीं सकता है। अतः हिन्दी की रोटी (नमक) खाने वालों को हिन्दी बोलकर हिन्दी पढ़कर हिन्दी लिखकर हिन्दी के नमक को हलाल करना चाहिए। जबकि व्यवहार में बिलकुल उल्टा ही है। कुछ अपवादों (श्री आशुतोष राणा जैसे कलाकारों) को छोड़कर अधिकांशतः फिल्म इंडस्ट्री वाले लोग व्यवहार में अंग्रेजी का ही प्रयोग करते हैं। चाहे अभिनेता, अभिनेत्रियाँ या निर्देशक हों या कोई अन्य कलाकार सभी मीडिया (प्रिंट व इलेक्ट्रॉनिक) पर साक्षात्कार देते

समय अंग्रेजी की टाँग तोड़ते हुए नजर आएँगे। ऐसी नमक हलाली क्यों? क्यों शर्म आती है इन्हें हिन्दी बोलने में, हिन्दी में साक्षात्कार देने में। यह रही फिल्मवालों की बात।

यही स्थिति कमोबेश हिन्दी से जुड़े अन्य क्षेत्रों–शिक्षण, प्रशिक्षण, राजभाषा से जुड़े लोगों में दिखाई पड़ती है। इन क्षेत्रों के सभी महापुरुषों (अपवादतः एक दो को छोड़कर) ने अपने लैटरहैड अंग्रेजी में छपवा रखे हैं। सभी की रबड़ मोहरें अंग्रेजी में हैं। राजभाषा से जुड़े लोगों में तो हीनता इस हद तक है कि यात्रा करते समय सहयात्रियों को अपना पद तक नहीं बताते। राजभाषा अधिकारी अपने को प्रशासन अधिकारी बताता है।

राजनीतिक लोगों पर तो कोई टिप्पणी करना ठीक नहीं है। वे तो सिर्फ वोट माँगते समय भारतीय भाषाओं में बात करते हैं और फिर भूल जाते हैं। आखिर यह स्थिति क्यों है। सीधा-सादा उत्तर है कि अभी हममें गुलामी मानसिकता के अवशेष जीवित हैं। राजभाषा की स्वर्ण जयंती व अब हम अपने गणतंत्र की स्वर्ण जयंती मना रहे हैं लेकिन इन पचास वर्षों में न्याय व प्रशासन तक की भाषा अभी भी अंग्रेजी बनी हुई है। गणतंत्र के पचास वर्ष बाद भी एक आम नागरिक अपना वाद, अपनी प्रार्थना, अपनी शिकायत लेकर उच्चतम न्यायालय की सीढ़ी पर नहीं चढ़ सकता है, कैसा प्रजातंत्र, कैसा गणतंत्र है। माना कि तकनीक के लिए अंग्रेजी जरूरी है जरूरी इसलिए कि हम इतने कामचोर हैं कि अपने यहाँ कोई शोध/अनुसंधान करना ही नहीं चाहते जो विदेशों में होता है, उसे अपने यहाँ आयातित कर लेते हैं। शब्दावली उसी भाषा की बढ़ेगी जिसमें ज्यादा नए अनुसंधान होंगे। माना कि हम तकनीक के क्षेत्र में पिछड़े हैं विकासशील राष्ट्र हैं आर्थिक रूप से कमजोर हैं और अनुसंधानों पर पैसा खर्च होता है। हम पैसा खर्च नहीं कर सकते। इसलिए विदेशों से नई तकनीक (टेक्नीकल नो हाउ) को आयातित कर लेते हैं। यानी कि हम नकल मारने में बड़े उस्ताद हैं। माना कि तकनीक के क्षेत्र में हमें अंग्रेजी का प्रयोग न चाहते हुए भी करना पड़ता है लेकिन न्याय व प्रशासन में तो भारतीय भाषाओं में काम कर ही सकते हैं। न्याय व प्रशासन की विषयवस्तु तो ठेठ भारतीय होती है, इसमें अंग्रेजी का प्रयोग क्यों? क्यों का उत्तर आप हम सभी को स्वभाषाओं के लिए एक रचनात्मक आंदोलन करके देना है अन्यथा फिल्म वालों को ही नहीं स्वयं हिन्दी वालों को भी हिन्दी से एलर्जी हो जाएगी।

हिन्दी और शुद्धतावाद

जिस प्रकार शुद्धतावादियों ने संस्कृत का विलुप्तीकरण कर दिया है ठीक उसी प्रकार हिन्दी के क्षेत्र में भी कुछ अतिवादी उसके विस्तार में बाधा पहुँचाने की कोशिशें कर रहे हैं। वे उस पर पाश्चात्य प्रभाव को देखकर कह रहे हैं कि मीडिया हिन्दी को अपभ्रष्ट कर रहा है। जबकि सच तो यह है कि मीडिया ने हिन्दी को रातोंरात विश्व की भाषा बना दिया है। हम संवाद के तौर पर बात कर रहे हैं। लेखन के तौर पर नहीं। प्रश्न यह उठता है कि जब हम अन्य क्षेत्रों में परिवर्तनों को स्वीकार कर रहे हैं तो भाषा के क्षेत्र में क्यों नहीं। भाषा परिवेश से बिना प्रभावित हुए नहीं रह सकती। हर क्षेत्र में परिवर्तन हुए हैं और हमने स्वीकार किए हैं असल बात तो यह है जो भाषा की शुद्धता की बात करते हैं वे दुहरे रूप वाले लोग हैं। अपने बच्चों को तो पढ़ने के लिए भेजते हैं विदेश तथा दूसरी तरफ भाषा की शुद्धता की बात करते हैं। जब हमने खानपान, रहन-सहन व पहनावे में परिवर्तन को स्वीकार कर लिया है तो फिर हिन्दी वाले ही क्यों धोती-कुर्ता पहन और चटाई पर बैठकर कार्य करें। जो लोग संस्कृति की बात करते हैं वे भूल जाते हैं कि संस्कृतियाँ भी परिवर्तित होती रहती हैं और परिवर्तन जीवंतता के लिए जरूरी है।

हमारी ओछी सोच है कि हम आज भी अपने देश के आदिवासियों को संस्कृति के नाम पर निहितस्वार्थ की वजह से उन्हें शिक्षित/विकसित करना नहीं चाहते हैं क्योंकि वे विकसित होकर अपने अधिकारों की माँग करने लगेंगे। हम लोग चाहते हैं कि भारतीय भाषाएँ तो सिर्फ गरीबों के लिए हैं। हमारे बच्चों के लिए अंग्रेजी है ताकि जन्मजन्मांतर शोषक-शासित का रिश्ता चलता रहे। हमने आज बहुत सारे उन लोगों को सामिष भोजन व मद्यपान करते होटलों में देखा है जो घर पर प्याज और लहसुन से भी नाक-मुँह सिकोड़ते हैं। ये ही लोग वे हैं जो संस्कृति और भाषा के

अपभ्रष्ट होने की बात करते हैं।

भाषा का मौलिकता से गहरा संबंध है। जब हमारे यहाँ तकनीकी और विज्ञान के क्षेत्र में मौलिक शोध ही नहीं हो रहा है तो भला नए शब्दों का निर्माण कहाँ से होगा। जब फ्लोपी, हार्डवेअर, सोफ्टवेअर हमने बनाए ही नहीं तो उनके लिए हम नाम कैसे दे सकते हैं। हमने इंजन बनाया नहीं तो उसका नाम कैसे दे सकते हैं। इसी कारण राजभाषा का स्वरूप निर्धारित करते हुए उदारता बरती गई और उसमें सभी भाषाओं के प्रचलित शब्दों को अंगीकार करने की बात स्वीकार की गई। हिन्दी आज न केवल भारत की बल्कि विश्व की भाषा तेजी से बनती जा रही है ऐसे में हम हिन्दी भाषियों को बड़ी उदारता, विशाल हृदयता के साथ आगे आना है। कोई भी विदेशी या हमारे अहिन्दी भाषी क्षेत्रों का भाई जैसी भी हिन्दी बोलता है, हमें उसका स्वागत ही करना चाहिए। उसका मनोबल बढ़ाना चाहिए। भाषा की मानकता का चरण अगला है। फिर हर भाषा की क्षेत्रवार विभिन्न प्रयुक्तियाँ हुआ करती हैं। उसी प्रकार हिन्दी की संवाद-शैली अलग से बनती जा रही है। जो उसे उत्तर से दक्षिण, पूर्व से पश्चिम जोड़ती है। हिन्दी की अनेकों प्रयुक्तियाँ हैं। बाजार भाव की शब्दावली अलग है। समाचार-पत्रों की भाषा अलग है। ठीक उसी प्रकार राजभाषा की शब्दावली भी अलग है और अलग होनी भी चाहिए। साहित्य की भाषा अलग होती है। फिल्मों की भाषा अलग होती है। मगर हमें उन लोगों की हिन्दी से एलर्जी है जो गैर-तकनीकी शब्दों के लिए भी अंग्रेजी शब्दों का प्रयोग करते हैं यथा : "इंडिया के प्राइम मिनिस्टर श्री.........ने आज पार्लियामेंट में स्टेटमेंट दिया कि उत्तराखंड को अलग स्टेट का स्टेटस दिया जाएगा।"

अब इस वाक्य में प्रयुक्त इंडिया, प्राइम मिनिस्टर, पार्लियामेंट, स्टेटमेंट, स्टेट, स्टेटस तकनीकी शब्द नहीं हैं। आम बोलचाल के शब्द हैं। जिनके हमारे पास क्रमशः भारत, प्रधान मंत्री, संसद, वक्तव्य, राज्य, दर्जा पर्याय हैं।

निष्कर्षतः हम हिन्दी वालों को मध्यमार्ग अपनाने की जरूरत है जो कि हिन्दी, अहिन्दी और विदेशी सभी लोगों को भाए। हिन्दी को उत्कर्ष पर पहुँचाए।

अनुवाद—एक टीम वर्क

अनुवाद संस्कृत की वद् धातु में धञ् प्रत्यय तथा अनु उपसर्ग लगाकर बनता है। बद् = बोलना, कहना, अनु = पश्चात् या पीछे, बाद में बोलना अर्थात् अनुकथन ही अनुवाद होता है।

अंग्रेजी में अनुवाद के लिए ट्रांसलेशन शब्द है यह शब्द लैटिन से आया है। लैटिन में यह ट्रांसलेतम है। ट्रांस = पार / दूसरी ओर लेतम् = ले धातु से बना है। जिसका अर्थ होता है ले जाना अर्थात् दूसरी पार ले जाना। अनुवाद एक सेतु है जो एक भाषा की अभिव्यक्ति को दूसरी भाषा में समान अर्थ के साथ पार उतारता है।

डॉ. जी. गोपीनाथन के अनुसार अनुवाद एक 'परकाया प्रवेश है'। अनुवाद के तीन महत्त्वपूर्ण तत्त्व होते हैं :

(1) स्रोत भाषा : जिस भाषा से अनुवाद किया जाता है।

(2) लक्ष्य भाषा : जिस भाषा में अनुवाद किया जाना है।

(3) विषय वस्तु : कथ्य

एक अनुवादक स्रोत भाषा के कथ्य एवं कथन भंगिमा को लक्ष्य भाषा में समतुल्य एवं निकटतम रूप में अभिव्यक्त करने के लिए जिस क्रिया·······

उदाहरणार्थ : स्पीड ब्रेकर अहेड : Speed Breaker ahead

इस वाक्य का हिन्दी में अनुवाद किया जाना है। यहाँ अंग्रेजी स्रोत भाषा हुई, हिन्दी लक्ष्य भाषा और स्पीड ब्रेकर विषय वस्तु है।

मोटे तौर पर अनुवाद के तीन प्रकार होते हैं।

(क) शब्दानुवाद : इस अनुवाद के अंतर्गत स्रोत भाषा के हरेक शब्द के

लिए लक्ष्य भाषा में हरेक शब्द लाना होता है।

उदाहरणार्थ : This room is fully airconditioned

हिन्दी अनुवाद = यह कमरा पूर्णतया वातानुकूलित है।

अंग्रेजी स्रोत भाषा के प्रत्येक शब्द के लिए हिन्दी लक्ष्य भाषा में बराबर शब्द डाले गए हैं : अतः यह शब्दानुवाद हुआ।

(ख) छायानुवाद : इस अनुवाद के अंतर्गत न तो पूर्णतः शब्दानुवाद किया जाता है और न ही पूर्णतः भाषानुवाद। इस अनुवाद के अंतर्गत स्रोत भाषा के हरेक शब्द के लिए लक्ष्य भाषा में हरेक शब्द का आना जरूरी नहीं है। यथा : लिकर कंजप्शन इस प्रोविहेटेड इन दि ट्रेन

अर्थात् रेलगाड़ी में मद्यपान निषेध है।

इस वाक्य में 'लिकर' के लिए 'मद्य' शब्द डाला गया है। जबकि लिकर का अर्थ होता है–द्रव्य (तरल) और कंजप्शन का अर्थ खपत यहाँ पर पान लिया गया है।

एक उदाहरण और–

"You just can'nt beat a Bajaj" इसमें 'जस्ट' का अनुवाद होगा 'यूँ ही'। "आप बजाज को यूँ ही नहीं पछाड़ सकते।" पछाड़ तो सकते हैं, लेकिन आसानी से नहीं।

(ग) भाषानुवाद : इस अनुवाद के अंतर्गत केवल भाव का अनुवाद किया जाता है, शब्द का नहीं।

भाषा : वह गधा है–He is fool

तथा कृपया शांति रखें Please do not make a noise या शांत रहें। पहले वाक्य में वह गधा है 'गधा' के लिए 'डंकी' शब्द नहीं लाया गया। दूसरे में अंग्रेजी वाक्यांश पूर्णतः नकारात्मक है, जबकि अनुवाद में सकारात्मक भाव कहा गया है।

अनुवाद के लिए आवश्यक बातें

शब्द प्रयोग

चालू का अर्थ हिन्दी में करैंट (वर्तमान) तथा चालाक, चालू पूर्जा के अर्थ में होता है जबकि गुजराती में चालू का अर्थ होता है जारी रखना। आप फोन कीजिए, दूसरी तरफ से आवाज आएगी, चालू रखें अर्थात् Please होल्ड।

गुजराती में मोटा या मोटी का अर्थ होता है बड़ा यानी कि मोटी बहन का अर्थ

होता है—बड़ी बहन जबकि हिन्दी में मोटी का अर्थ होता है—फैट।

संज्ञा-अनुवाद

अनुवाद करते समय संज्ञाओं का अनुवाद नहीं करना चाहिए। संज्ञा स्थान, व्यक्ति, वस्तु के नाम को कहते हैं। स्थान/गया(बिहार का शहर) अंग्रेजी में इसका अर्थ 'वैंट' नहीं किया जाएगा। 'वर्षा बहन' को 'रैनी सिस्टर' नहीं कहा जाना चाहिए। 'सूर्य प्रकाश' को 'सन लाइट' नहीं कहा जाएगा।

वस्तुतः ऑमलेट को हिन्दी में भी ऑमलेट कहेंगे। मसाला डोसा को अंग्रेजी में मसाला डोसा लिखा जाएगा। जलेबी को अंग्रेजी में जलेबी ही लिखा जाएगा राउंड राउंड स्टॉप नहीं।

इस तथ्य को स्पष्ट करने के लिए हम यहाँ एक रोचक कहानी प्रस्तुत कर रहे हैं :

THE FACT OF LIFE

This is a story of four people named everybody, somebody, anybody and nobody. There was an important job to be done and everybody was sure that somebody would do it. Anybody could have done it, but nobody did it. Somebody got angry about that, because it was everybody's job. Everybody thought anybody could do it, but nobody blamed somebody when nobody did what anybody could have done.

जब यह अवतरण एक कार्यशाला में अनुवाद के लिए दिया गया तो विभिन्न प्रतिभागियों ने इसका विभिन्न प्रकार से अनुवाद किया। किसी प्रतिभागी ने ऐवरीबडी, समबडी, ऐनीबडी, व नोबडी का अनुवाद प्रत्येक, कुछ, कोई भी, कोई नहीं किया। "Anybody could have done it, but nobody did it." पर आए तो बिना सोचे विचारे इस वाक्यांश का अनुवाद किया "कोई भी इसे कर सकता था लेकिन किसी ने भी नहीं किया।" अब यहाँ से उस प्रतिभागी की अनुवाद रूपी गाड़ी पटरी से बिलकुल उतर गई और आधी कहानी का अनुवाद उसका उल्टा हो गया जबकि इस लाइन के उपवाक्य "but nobody did it" का अनुवाद होना चाहिए था "लेकिन नोबडी ने इसे कर दिया" चूँकि नोबडी एक नाम है कहानी के प्रारंभ में ही कह दिया गया है कि This is a story of four people named यानी कि ये नाम हैं। और नामों का अनुवाद नहीं करना चाहिए।

इस कहानी का अनुवाद होगा—

"यह ऐवरीबडी, समबडी, ऐनीबडी और नोबडी नामक चार व्यक्तियों की कहानी है। एक महत्त्वपूर्ण कार्य किया जाना था और ऐवरीबडी सुनिश्चित था कि समबडी इसे कर सकेगा। ऐनीबडी इसे कर सकता था लेकिन नोबडी ने इसे कर दिया। समबडी को इस पर गुस्सा आया क्योंकि यह कार्य ऐवरीबडी का था। ऐवरीबडी ने सोचा कि ऐनीबडी इसे कर सकेगा लेकिन नोबडी ने इसे महसूस किया कि ऐवरीबडी इसे नहीं कर सकता था। इसका अंत यह हुआ कि ऐवरीबडी ने समबडी पर आरोप लगाया कि जब नोबडी ने इसे कर दिया तो ऐनीबडी क्या करता?" यह कहानी मात्र कहानी है। यह केवल अनुवाद की तकनीक को समझने के लिए दी गई है।

वैज्ञानिक शब्दावली-अनुवाद

वैज्ञानिक शब्दावली किलोग्राम, मीटर, अल्फा, गामा, बीटा, थीटा आदि का अनुवाद नहीं करना चाहिए।

परिवेश/प्रसंग

एक शब्द के कई अर्थ होते हैं। प्रसंग के अनुसार शब्द का चयन करना चाहिए। Issue शब्द है। इसके अर्थ, क्रमशः शिशु, जारी करना, निर्गम, मुद्दा, प्रतिष्ठा का प्रश्न आदि हैं। अतः प्रसंग के अनुसार ही अनुवाद करना चाहिए।

लोप और आगम्य

अनुवाद करते समय कभी लोप करना पड़ता है तो कभी कुछ जोड़ना भी पड़ता है। Shree Pramod Sharma is hereby transfered to Deharadun. श्री प्रमोद शर्मा देहरादून स्थानांतरित किए जाते हैं तो Hereby का अर्थ छोड़ दिया गया है।

कई बार प्रासंगिक अर्थ निकालना होता है। एक नोट पर वरिष्ठ अधिकारी ने कनिष्ठ अधिकारी के लिए लिखा "Please see me." यहाँ इस वाक्यांश का अर्थ है–कृपया मेरे साथ आकर बातचीत करें न कि कृपया मुझे देखें। अगर कनिष्ठ अधिकारी उस पर टिप्पणी लिखकर भेज दें कि I will see you तो कनिष्ठ व वरिष्ठ में झगड़ा ही हो जाए।

अर्धशासकीय पत्र यदि किसी महिला को लिखा जाता है तो संबोधन करते समय अंग्रेजी के Dear का अर्थ हिन्दी में 'प्रिय' नहीं करना चाहिए। महिला के मामले में 'सुश्री' लिखना चाहिए। क्योंकि सुश्री में सब कुछ समाहित रहता है। नीचे

'Yours' का अनुवाद आपका नहीं करना चाहिए क्योंकि अगर अर्धशासकीय पत्र महिला अधिकारी को लिखा जा रहा है तो 'आपका' जमेगा नहीं। इसी तरह महिलाओं को भी 'आपकी' नहीं लिखना चाहिए। आपका व आपकी के स्थान पर शब्द 'भवदीय' व 'भवदीया' का प्रयोग किया जाना चाहिए। हालाँकि भवदीय का अर्थ भी आपका ही होता है—भवत्. ईय अर्थात् आपके योग्य। लेकिन संस्कृत में होने के कारण असली अर्थ को यह शिष्ट बना देता है। एक अंग्रेजी समाचार-पत्र में छपा "Police has recovered precious stones from a jwellers shop." हिन्दी में इसका अनुवाद किया गया—पुलिस ने जौहरी की दुकान से कीमती पत्थर बरामद किए। यहाँ कीमती पत्थर की जगह 'जवाहरात' शब्द होना चाहिए। इसी प्रकार 'White Ant' के लिए सफेद चींटी न लिखकर दीमक लिखना चाहिए। Birth day व Anniversery में लोग अंतर नहीं समझ पाते। हर बार हमारे गणतंत्र दिवस व स्वतंत्रता दिवस के अवसर पर अधिकांश लोग व प्रतिष्ठित समाचार-पत्र तक संख्या को गलत प्रकाशित करते हैं।

इस वर्ष के गणतंत्र को अधिकांश समाचार-पत्रों ने 50वाँ गणतंत्र प्रकाशित किया जबकि यह गणतंत्र 51वाँ था। अधिकांशतः लोग स्थापना/या जन्म वाली तारीख को नहीं गिनते हैं। 26 जनवरी, 1950 को हमने पहला गणतंत्र मनाया, शून्य नहीं इस तरह 26.1.2000 को हमने 51वाँ गणतंत्र मनाया। हाँ 50वीं वर्षगाँठ तो ठीक है। वर्षगाँठ पूरा वर्ष खत्म होने पर एक होती है, जबकि जन्मदिवस दूसरा होता है। किसी की यदि बर्थ एनवर्सरी दूसरी है तो उसका जन्म दिवस तीसरा होगा।

मुहावरों का प्रयोग

मुहावरे संबंधित स्रोत भाषा के अपने होते हैं। उनमें प्रयुक्त शब्दों का शाब्दिक अर्थ नहीं निकाला जाता। "नाच न जाने आँगन टेढ़ा।" इसका अनुवाद है—"A bad workman blames his tools." एक बार कपड़ों की एक दुकान ने विज्ञापन दिया, "let us see who wears the trousers this year" इसमें To wear the trouser एक मुहावरा है, जिसका अर्थ है—"शादी होने पर किसका प्रभुत्व रहता है, पति का या पत्नी का।"

निष्कर्षत : अनुवाद एक जटिल प्रक्रिया है। यह एक टीम वर्क है जबकि ज्यादातर हिन्दी अनुभागों में हिन्दी अनुवादक नहीं होते हैं। जहाँ अनुवादक होता है, वहाँ हिन्दी अधिकारी नहीं होता। अनुवाद के लिए बैटिंग बहुत जरूरी है, अंग्रेजी का ड्राफ्ट पूरी एक टीम काफी समय में तैयार करती है जबकि हिन्दी अनुभाग को इसके लिए कुछ ही पल दिए जाते हैं। हिन्दी से जुड़े लोग कोई सर्वज्ञाता तो होते नहीं हैं कि उन्हें

अपने विभाग की प्रशासकीय, वित्तीय व तकनीकी पूरी जानकारी होती है। वह अपनी क्षमतानुसार अनुवाद कर देते हैं। जब कोई भूल होती है, तो सारा दोष हिन्दी विभाग पर मढ़ दिया जाता है जबकि अनुवाद एक टीम वर्क है। मूल लेखन से भी अधिक जटिल प्रक्रिया है, समय माँगती है। हिन्दी अनुभागों को इसके लिए स्टाफ, समय व प्रशिक्षण दिया जाता रहना चाहिए।

हिन्दी वर्तनी की कुछ सामान्य भूलें

हिन्दी भारत के एक विशाल भूभाग की भाषा है। अतः इसकी वर्तनी का क्षेत्रीय परिवर्तन होना स्वाभाविक है। कहीं भैंस के बच्चे को पाड़ा कहते हैं तो कहीं पड्डा, कहीं पडरा कहते हैं तो कहीं कटरा, काटड़ा आदि। इसी प्रकार कहीं दूध बिलोने वाली लकड़ी को मथानी कहते हैं, तो कहीं रई। इस प्रकार के बहुत से शब्द हैं जिनके कि क्षेत्रीय पर्याय चल रहे हैं यह समस्या क्षेत्रीय ही नहीं अपितु मानक हिन्दी में भी है। आज भी बहुत से ऐसे शब्द हैं जिनकी दो-दो वर्तनियाँ चल रही हैं। बहन बहिन, कैलास कैलाश, वापस वापिस, सामिग्री सामग्री, पहला पहिला आदि।

व्याकरण, वर्तनी एवं लिपि के संबंध में भाषा विज्ञान की अपनी अहम भूमिका रही है। उसने कुछ समस्याओं के सरलीकरण व मानकीकरण की दृष्टि से सिफारिशें दी हैं जिनको कि यहाँ संक्षेप में लिया जा रहा है–

य, व की समस्या

आज भी हिन्दी में बहुत से ऐसे शब्द प्रचलित हैं जिनमें य, व और ए मुक्त परिवर्तन के रूप में प्रयुक्त किए जाते हैं–

जायेगा/जावेगा, जायगा और जाएगा। प्रश्न उठता है कि इन सब में मानक किसे माना जाए। वस्तुतः व्याकरण के नियमानुसार–

चलेगा या पढ़ेगा--

चल् + ए + गा = चलेगा

पढ़् + ए + गा = पढ़ेगा

यानी कि मूल धातु ए गा = एगा। इसलिए जायेगा, जावेगा, जायगा और जाएगा में मूल सत्ता ए (स्वर) की रही। अतः जाएगा रूप सही है।

य और ई की समस्या

इसी प्रकार आयी, पायी, नयी वाले रूप अमानक हैं और इन्हें क्रमशः आई, पाई और नई लिखना चाहिए।

अब प्रश्न उठता है कि जब 'पायी' और 'नयी' को 'पाई' और 'नई' लिखा जाए तो 'पाया' और 'नया' को 'पाआ' और 'नआ' क्यों नहीं लिखा जाना चाहिए। इसमें वास्तविकता तो यह है कि हिन्दी व्याकरण के अनुसार धातु + आ = पा + आ = पाआ। चल् + आ = चला, पढ़् + आ = पढ़ा ही बनता है। मगर उच्चारण की सुविधा के लिए पाया पढ़ा जाता है। लिखने में उच्चारण में कई बार अंतर रहता है, जैसे—'सिंह' को 'सिंघ', 'शक्ति' को 'शक्ती' उच्चारित किया जाता है। इसी प्रकार महिलायें, अप्सरायें, मातायें, लतायें, बायें, दायें वाले सभी रूप अमानक हैं। इन्हें क्रमशः महिलाएँ, अप्सराएँ, माताएँ, लताएँ, बाएँ, दाएँ ही लिखा जाना चाहिए।

अ और व की समस्या

उपर्युक्त के ही अनुसार जहाँ 'अ' और 'व' विकल्प के रूप में आते हों, वहाँ अ, स्वर वाले रूप मानक माने जाने चाहिए यथा सूवा, कौवा वाले रूपों को क्रमशः सूआ, कौआ आदि ही लिखना चाहिए।

और ँ की समस्या

अनुस्वार है और यह अधिकांशतः नासिक्य व्यंजनों ङ ञ ण न और म के विकल्प के रूप में प्रयुक्त होता है। और यह व्याकरण के अनुसार अपने वर्ग के सभी पूर्व अक्षरों के पहले प्रयुक्त होते हैं, यथा—

क ख ग के पूर्व ङ्	पङ्क, पङ्ख, गङ्गा, कङ्घा
च छ ज झ के पूर्व ञ्	चञ्चल, वाञ्छित, सञ्जय, मञ्झा
ट ठ ड ढ के पूर्व ण्	टण्टा, डण्ठल, पाण्डेय, पुण्ढीर
त थ द ध के पूर्व न्	पन्त, पन्थ, चन्द, बन्ध
प फ ब भ के पूर्व म्	कम्पन, गुम्फित, बम्बई, कुम्भ

मगर भाषा विज्ञान की सिफारिश के अनुसार प्रिंटिंग और टाइपिंग की सुविधा के लिए अब इन पाँचों नासिक्य व्यंजनों के स्थान पर विकल्प के रूप में अनुस्वार का प्रयोग किया जा सकता है और अब उपर्युक्त सभी शब्दों को क्रमशः

लिखा जाना चाहिए—

पंक, पंख, गंगा, कंघा, चंचल, वांछित, संजय, मंझा, टंटा, डंठल, पांडेय, पुंढीर, पंत, चंद, बंध, कंपन, गुंफित, बंबई, कुंभ। 'सम्बन्ध' को अब 'संबंध' लिखा जा सकता है। देखा संबंध कितने छोटे हो गए और आज के जमाने में संबंध जितने छोटे हों, उतने अच्छे।

मगर इसके अपवाद भी हैं और अपवाद मात्र वहीं पर जहाँ कि मूल सत्ता ही उपर्युक्त व्यंजनों में से किसी एक की होती है, जैसे—

वाङ्मय और पराङ्मुख, अक्षुण्ण, मृण्मय, पुण्य, कण्व, अन्न, जन्म, अन्य, अन्वेषण, कान्हा, किन्हें, निम्न, सामान्य, साम्य, विनम्र, अम्ल, तुम्हें आदि।

ँ को अनुनासिक कहते हैं। इनकी मूल सत्ता नहीं है। यह मात्र प्रत्येक स्वर को अनुनासिक बनाने के लिए ही प्रयुक्त होता है, जैसे—अँ, आँ, इँ, उँ, ऊँ, एँ जैसे बिँधना, सिँह आदि रूप ही सही हैं मगर भाषा विज्ञान की सिफारिश के अनुसार टंकण और मुद्रण की सुविधा के लिए अनुनासिक का प्रयोग सिर्फ वहाँ होता है, जहाँ शिरोरेखा के ऊपर कोई अन्य मात्रा नहीं होती है और जहाँ शिरोरेखा के ऊपर मात्रा होती है वहाँ ँ का प्रयोग न करके ं का प्रयोग ही किया जाना चाहिए।

जैसे ईंट, विंधना, सिंह, औंकार, होंठ आदि। मगर जहाँ शिरोरेखा के ऊपर कोई मात्रा न हो वहाँ केवल ं का प्रयोग न करके ँ का प्रयोग करना चाहिए जैसे महिलाएँ, अप्सराएँ आदि। मगर जब दो वर्तनी एक जैसी हों, वहाँ दोनों का प्रयोग अलग-अलग करना चाहिए अन्यथा अर्थ का अनर्थ हो जाएगा, जैसे—रंग (Colour) और रँग (To Dye) हंस (Swan) और हँस (To laugh)। इन दोनों में मूल अन्तर यह है कि पहले उच्चारण में हवा (आवाज) नाक के स्वर निकलती है और दूसरे के उच्चारण में हवा नाक और मुख दोनों से निकलती है। अतः इन दोनों का प्रयोग बहुत ही सोच-समझ कर किया जाना चाहिए।

ऋ, ्र और रि की समस्या

ऋ यह एक स्वर है, जो केवल संस्कृत शब्दों के आदि में आता है, जैसे—ऋषि, ऋतु, ऋचा आदि। अन्यथा अधिकांशतः इसकी मात्रा ृ का ही प्रयोग होता है; वह भी संस्कृत से आगत शब्दों में, जैसे—कृष्ण, दृग, मृग आदि।

ऋ का उच्चारण ब्रज प्रदेश में 'र', महाराष्ट्र, गुजरात एवं दक्षिण प्रांतों में 'रु' तथा मानक हिन्दी में 'रि' के समान होता है, जैसे मृग को ब्रज प्रदेश में Mrag, गुजरात, महाराष्ट्र, आंध्र आदि में Mrug तथा मानक हिन्दी में Mrig उच्चारण करते हैं।

इसके विपरीत 'र' व्यंजन है, जिसके उपरूप ्र (अग्र), ‸(ट्रेन), ˊ (कर्म) व ∕ (ह्रास) आदि प्रयुक्त होते हैं, इसलिए ब्रज को बृज लिखना अमानक है क्योंकि हिन्दी में बृज कोई शब्द ही नहीं है।

रि और ऋ में भी भ्रांतियाँ हो जाती हैं और लोग मात्रिक (मात्रा संबंधी) और मातृक (माँ संबंधी) को एक ही जैसा लिख जाते हैं। इसी प्रकार दो शब्दों की सन्धि के मध्य आया आधा 'र' अपने से दूसरे व्यंजन पर ˊ मात्रा के रूप में परिवर्तित हो जाता है, यथा—उपर्युक्त, कार्यवाही।

क़, ख़, ग़, ज़, फ़ तथा ऑ की समस्या

क़, ख़, ग़, ज़, फ़ तथा ऑ आगत ध्वनियाँ हैं। अतः इनका प्रयोग आगत शब्दों में अवश्य ही किया जाना चाहिए अन्यथा अर्थ का अनर्थ हो सकता है। ऑ का प्रयोग केवल अंग्रेजी में ही किया जाता है।

(1) ताक़ (आला)	ताक (देखना)
(2) ख़ाना (कॉलम)	खाना (भोजन)
(3) बाग़ (उपवन)	बाग (लगाम)
(4) फ़न (कौशल)	फन (मुँह)
(5) कॉफी (पेय)	काफी (अधिक)
(6) बॉल (गेंद)	बाल (केश)
(7) हॉल (कमरा)	हाल (तत्काल)
(8) जरा (बुढ़ापा)	ज़रा (कम)
(9) राज (राज्य)	राज़ (रहस्य)
(10) बेगम (स्त्री)	बेग़म (निश्चिंत)

हलंत चिह्न लगाने की परंपरा

संस्कृत परंपरा के अनुसार उन शब्दों की अंतिम ध्वनि में हलंत लगाया जाता था जिनका कि उच्चारण बिना 'अ' के होता था, जैसे—वाक् (Vak) सन् (San) अर्थात जिन शब्दों का अंतिम अक्षर बिना स्वर की सहायता के उच्चारित होता है।

मगर अब भाषा विज्ञान के आधार पर हिन्दी की किसी भी ध्वनि के अंत में हलंत लगाना आवश्यक नहीं है।

क्योंकि अगर महान शब्द में हलंत लगाकर महान शब्द महान से अगर महान् + ता = बनाएँ तो महान्ता बनेगा। जबकि शब्द महानता है। अतः अब हिन्दी के किसी भी शब्द की किसी भी ध्वनि में हलंत लगाना उचित नहीं है। अर्थात पृथक,

वाक, जगत आदि बिना हलंत के ही लिखे जाने चाहिए।

ड और ड़ की समस्या

ड अंग्रेजी के शब्दों में प्रयुक्त होता है, जैसे–रोड, सोडा आदि। ड़ का प्रयोग अंग्रेजी शब्दों में कभी भी नहीं होता है। यह केवल हिन्दी शब्दों में होता है, जैसे–गौड़, गाड़ी, घड़ी आदि।

कुलपति / उप कुलपति / कुलाधिपति

अंग्रेजी के हिन्दी पर्याय व हिन्दी वर्तनी की कुछ ऐसी भूलें हैं, जिन्हें कि नब्बे प्रतिशत लोग अनजाने में गलत लिख जाते हैं। यथा चांसलर को कुलपति या वाइस चांसलर को उप कुलपति कह जाते हैं, जबकि यह गलत है। मानक शब्दकोशों में उप कुलपति अंग्रेजी के प्रो वाइस चांसलर शब्द का हिन्दी पर्याय दिया हुआ है। इस प्रकार इन तीनों शब्दों की हिन्दी इस प्रकार हुई–

प्रो वाइस चांसलर	उप कुलपति
वाइस चांसलर	कुलपति
चांसलर	कुलाधिपति

धूमपान / धूम्रपान

अधिकांश लोग धूम्रपान लिखते हैं, जबकि यह अमानक है। क्योंकि संस्कृत में 'धूम' शब्द का अर्थ 'धुआँ' है 'धूम्र' नहीं। यदि धूम्र होता तो शब्द धूम्रकेतु बनता धूमकेतु नहीं। जबकि सब जगह धूमकेतु ही लिखा जाता है। अतः धूमपान शब्द मानक है, धूम्रपान अमानक।

शाप / श्राप

ज्यादातर लोग उच्चारण में व लेखन में श्राप का ही प्रयोग करते हैं, जबकि यह अमानक प्रयोग हे। मानक वर्तनी है–शाप। यदि श्राप सही होता तो इससे अभिश्राप शब्द बनता, अभिशाप व अभिशप्त नहीं। इसीलिए 'शाप' शब्द ही मानक है, 'श्राप' नहीं।

शृंगार / शृंगार

लेखन में अधिकांश लोग शृंगार व शृंगार दोनों लिखते हैं। जबकि मानक वर्तनी है शृंगार। शृंगार में (ृ) ऋ की मात्रा है। अतः इसमें 'र' के उपरूप के लगाने की

आवश्यकता नहीं है। मानक वर्तनी शृंगार है।

विसर्ग परम्परा

शब्द के अंत में विसर्ग का प्रयोग किया जाना चाहिए वो भी केवल संस्कृत शब्दों में अन्यथा बीच में विसर्ग लगाने की कोई जरूरत नहीं है, जैसे–दुःख न लिखकर दुख लिखना चाहिए। क्योंकि अगर दुःख से दुखिया बनेगा तो विसर्ग अपने आप हट जाता है। अतः विसर्ग नहीं लगाना ही उचित है।

अंग्रेजी परम्परा का दुष्प्रभाव

क्योंकि हमारे यहाँ हिन्दी में प्रत्येक व्यंजन ध्वनि के साथ स्वर का मेल रहता है। अतः अंग्रेजी में लिखते समय स्वर का प्रयोग किया जाता है, जैसे–

राम	=	र् + आ + म् + अ
शुक्ल	=	श् + उ + क् + ल् + अ
मिश्र	=	म् + इ + श् + र + अ
सिंह	=	स् + इ + न् + ह् + अ

पाश्चात्य शौकिया लोगों ने उन्हें क्रमशः रामा, शुक्ला, मिश्रा, सिन्हा, पढ़ना शुरू कर दिया जबकि हमारे यहाँ हिन्दी में 'आ' प्रत्यय लगाने से स्त्रीलिंग बन जाता है, जैसे–सुत = सुता, प्रिय = प्रिया। इस प्रकार अच्छे-भले पुरुष वर्ग के लोगों को रामा, शुक्ला, मिश्रा एवं सिन्हा, चंद्रा, कृष्णा पुकार कर स्त्री वर्ग में धकेल दिया। उपहास का विषय तो जब और बना जबकि पाश्चात्य टाइप व्यक्ति ने वैश्य जी (जाति का नाम) को वैश्या जी कह कर पुकारा। अतः हमें तुरंत ही इस अंग्रेजी परंपरा का त्याग कर देना चाहिए और शुक्ल, मिश्र, सिंह, चंद्र, राम आदि वाले रूप ही लिखने और उच्चारित करने चाहिए।

अंतरराष्ट्रीय और अंतर्राष्ट्रीय

अंग्रेजी में दो शब्द हैं Inter और intra. Inter का अर्थ होता है बाह्य और intra = अन्तः। अतः जब हम विश्व स्तर की बात करते हैं, तो हमेशा अंतरराष्ट्रीय शब्द लिखना चाहिए। वस्तुतः देश के अंदर की बातों के लिए अंतर्राष्ट्रीय न लिखा जाए अंतर्देशीय शब्द लिखना चाहिए जैसे Inland Letter के लिए लिखा जाता है।

नाम वाचक शब्दों की कहानी

भाषाविदों के अनुसार एक या एक से अधिक सार्थक ध्वनियों के समूह को शब्द कहते हैं, जैसे—आज (तीन ध्वनि) जा (दो ध्वनि) आ (आइए) एक ध्वनि। इन तीनों शब्दों का अर्थ है इसके विपरीत कख, अतब इन शब्दों का हिन्दी में कोई अर्थ नहीं है। अतः हिन्दी के लिए यह निरर्थक हैं। हो सकता है किसी अन्य भाषा में इनके अर्थ रहे हों। भारत में व्यक्तियों के नाम स्थानों के नाम व जातियों के नाम के पीछे एक समृद्ध इतिहास रहा है। हमारे यहाँ के अधिकांश नाम देवी-देवताओं के नाम से जुड़े हैं। चालीस फीसदी नाम राम से जुड़े हैं, यथा—रामचंद्र, सीताराम, रामनाथ, रामसहाय आदि तो इतने ही नाम कृष्ण से जुड़े हैं, कृष्णचंद्र, कृष्णराम, कृष्णबिहारी आदि। कुछ नाम महीनों, तिथियों व वारों से जुड़े हैं, जो व्यक्ति बैसाख में पैदा हुआ, वह बैसाखीराम हो गया। जो व्यक्ति द्वितीया (दौज) को पैदा हुआ, वह दौजीराम हो गया, जो रविवार या इतवार (आदित्यवार) को पैदा हुआ, वह इतवारिया हो गया आदि।

हम अपने देश के नाम की भी सार्थकता ढूँढ़ सकते हैं। आज काफी लोग भारत, इंडिया व हिंदुस्तान शब्द को लेकर वाद-विवाद पैदा कर रहे हैं। कोई कहता है, इंडिया शब्द अंग्रेजी है अतः इसे छोड़ देना चाहिए, भारत ही रखना चाहिए। भाषाविदों के अनुसार हिन्दू शब्द सिंधु शब्द से विकसित है, फारसी में 'स' का 'ह' और 'ध' का 'द' उच्चारण होने की वजह से यह शब्द हिन्दु हो गया और क्रमशः हिन्दुस्तान और हिन्दी शब्द बने। जहाँ तक इंडिया शब्द का प्रश्न है, भाषाविदों के अनुसार यह भी सिंधु से ही विकसित है। हमारे यहाँ प्रारंभ में यूनानी लोग आए जब शब्द 'सिंधु' यूनान पहुँचा तो ग्रीक में 'स' को 'इ' तथा 'ध' को 'ड' उच्चारित किया जाता है। इस प्रकार यूनान में शब्द सिंधु को इंडु उच्चारित किया गया और क्रमशः इंडिका (मैगस्थनीज

की पुस्तक का नाम जिसमें तत्कालीन भारत की स्थिति का वर्णन है और आजकल टाटा की एक कार का नाम) होते हुए इंडिया पड़ा। कहने का तात्पर्य यह है कि इंडिया और हिन्दुस्तान दोनों शब्द सिंधु शब्द से विकसित हैं, जो भारतीय शब्द हैं।

अब भारत की बात कहते हैं तो कुछ लोग इसका संबंध दुष्यंत व मेनका के पुत्र भरत (चक्रवर्ती राजा) से जोड़ते हैं तो कुछ भरत (रामायण के पात्र) से जोड़ते हैं। जबकि ये तथ्य पौराणिक हैं, ऐतिहासिक नहीं। इतिहास में भरत नाम के संभवतया कोई राजा नहीं हुए हैं। तो फिर भारत कहाँ से आया। भाषाविदों की थ्योरी है कि यह शब्द आर्यावर्त्त से निकला है। हमारे प्राचीन ग्रंथों में भारत का नाम आर्यावर्त्त भी मिलता है, यानी कि आर्यों का देश। कालांतर में आर्यावर्त्त में से आर्या शब्द निकल गया और शेष रह गया वर्त्त। बंगला और बिहार में 'व' का उच्चारण 'भ' होने के कारण व-र्त्त-भ-र्त्त हो गया और जब इसे अंग्रेजी में लिखा गया तो यह भारत बना। यह रही देश की बात अब प्रदेशों की ओर चलते हैं। मेघालय का नाम मेघों की बहुलता, हिमाचल का नाम हिम के कारण, अरुणाचल का नाम सूर्योदय की लालिमा से, राजस्थान राजाओं के स्थान से के कारण पड़ा।

असम (जहाँ की जमीन सम न हो, ऊँची-नीची हो), मलयालम, मलयों पर्वतों वाला देश, कन्नड़ (कर्ण आडु) जहाँ की जमीन काली हो, तेलुगु (त्रिलिंगम वाला देश) इनके पीछे यह भौगोलिक तथ्य रहे हैं। कुछ प्रांतों के नाम भाषा तो कुछ जातियों के आधार पर पड़े। गुजरात में गुर्जरों की बहुलता, महाराष्ट्र में महारों की बहुलता (यह फिर बड़ा राष्ट्र) के कारण, पंजाब पाँच नदियों के कारण नाम पड़ा। हरियाणा के बारे में कहा जाता है कि हराभरा प्रांत है, दूसरा हरि (ईश्वर) का यान यहाँ उतरा था, इसलिए इसका नाम हरियाणा पड़ा। बिहार अत्यंत हरियाली व समृद्धि वाला प्रांत था, इसलिए बिहार योग्य समझा गया। गोआ का प्राचीन नाम गौआंचल (गायों की अधिकता) था बाद में गोआ रह गया।

अब हम कुछ नगरों की बात करते हैं। सबसे पहले मुंबई को लेते हैं। देवी मुंबा (मराठी उच्चारण) संस्कृत में अंबा से अम्मा और माँ के नाम पर पड़ा। वडोदरा (वट + उदरा) जहाँ वट वृक्षों की बहुतायत के कारण पड़ा। मैसूर का नाम महिषासुर का अपभ्रंश व लघु रूप है। महेषाणा (महिष = भैंस और पटरानी भी, भैंसें दूध देने के कारण पटरानी तुल्य) में सबसे अधिक भैंसें थीं। इस कारण इसका नाम महेषाणा (और अब महेसाणा) पड़ा। तथ्य है कि भारत की सबसे पहली दूध की सहकारी डेरी महेषाणा में ही खोली गई। इसी प्रकार गायों की बहुलता के कारण गोदरा पड़ा। भरुच का नाम भृगुकच्छ था जो बाद में भरुच हो गया। कुछ शहरों के नाम उनके आबादकर्त्ताओं के नाम पर पड़े—औरंगाबाद, अहमदाबाद आदि कुछ पुराणों के

आधार पर रामपुर, लखनऊ, लखनपुर (लक्ष्मणपुर)। गुजरात व मध्य प्रदेश की हद (सीमा) पर एक नगर है—'दाहोद'। मूलतः दोनों प्रांतों की हद पर बसा होने के कारण पहले इसका नाम 'दोहद' था जो बाद में 'दाहोद' हो गया।

अब कुछ जातियों की बात करते हैं। जातियों का वर्गीकरण प्रारंभ में व्यवसाय व कर्म आधारित था। बाद में इसे जन्मगत कर दिया गया। इसी कारण देश में जातिवाद बढ़ा। गडर यानी कि भेड़ चराने वाले गड़रिया (संस्कृत में मेष = भेड़ मेषपाल भी), चर्म कार्य करने वाले चर्मकार, घड़े बनाने वाले कुंभकार कहलाए। कर्पूर का व्यवसाय करने वाला कपूर, बजाजी (कपड़े का व्यापार) करने वाले बजाज तो गंध यानी कि इत्र का व्यापार करने वाले गंधी बाद में गाँधी कहलाए। चारों वेदों के ज्ञाता चतुर्वेदी कहलाए लेकिन आज जिसने भले ही वेद आँखों से भी न देखें हों, बस जन्म चतुर्वेदी के यहाँ ले लिया हो, वह चतुर्वेदी का हकदार हो गया। चर्मकार के बेटे ने भले ही वेद गुन डाले हों लेकिन वह अपने को चतुर्वेदी नहीं कह सकता, वह चमार ही रहेगा। पटेल और पाटिल की भी यही कहानी है। गुजरात में पटेल और महाराष्ट्र में पाटिल होते हैं यानी कि जिनके पास जमीन का पट्टा, वही पटेल कहलाया। महाराष्ट्र में यह पाटिल शब्द बन गया। जाति से इसका कोई संबंध नहीं था अन्यथा अहमद पटेल (काँग्रेस के नेता) पटेल नहीं लिख पाते।

अब उपनामों, उपजातियों की बात करते हैं। प्रारंभ में कुछ लोगों ने अपनी विशिष्ट पहचान के कारण अपने नाम के आगे लघु शब्द के रूप में उपनाम लिखना शुरू किया, जैसे—'नीरज', 'सुमन', 'दिनकर' आदि। बाद में उनके पुत्रों ने भी इसका प्रयोग किया। कुछ ने अपने नाम के आगे अपने गृहनगर स्थान को जोड़ा। जैसे प्रकाश सिंह बादल (बादल जगह का नाम), पदमिनी कोल्हापुरे, काका हाथरसी, ओमप्रकाश कनोजिया, गोपीदत्त पालीवाल आदि। लेकिन मजेदार यह बात हुई कि कनोजिया शब्द मात्र धोबियों तक सीमित रह गया, तो पालीवाल शब्द ने उच्चता हासिल की और यह ब्राह्मणों की एक उपजाति बन गया।

निष्कर्षतः सार्थक ध्वनियों के समूह को ही शब्द कहा गया। प्रारंभ में व्यक्तियों, जातियों, स्थानों, देशों आदि के नामकरण के पीछे भौगोलिक, स्थानिक व अन्य तथ्य पृष्ठभूमि के रूप में थे लेकिन बाद में अज्ञान व अपभ्रंश के कारण वे क्रमशः अपना- अपना अर्थ खोते गए या फिर सीमित होते गए। पहले नाम यथा नाम तथा गुण आधारित रखे गए। लेकिन बाद में वे अपना अर्थ खोते गए। या फिर नए अर्थ देते गए। संस्कृत में शब्द है—मृग, जिसका अर्थ है जंगल के सभी जानवर—हे खग मृग हे मधुकर श्रेनी, इसीलिए शेर को मृगेश कहा गया। बाद में मृग हिन्दी में केवल हरिणों के लिए सीमित हो गया। तुम देखी कहुँ सीता मृगनयनी।

सुर शब्द को भी देख सकते हैं। एक जमाने में यह देवता का वाचक था। जब असुरों के पास पैसा हो गया तो अब असुर शब्द भी देवता का वाचक हो गया यानी कि पैसे के कारण समाज के कारण भी शब्दों का उत्कर्ष व अपकर्ष हुआ हरिजन का अपकर्ष व गोष्ठी का उत्कर्ष। गोष्ठी का अर्थ जहाँ गाएँ बाँधी जाती हैं लेकिन अब उस स्थान पर विद्वान बँधते हैं, जाँघ का अर्थ संस्कृत में घुटने से नीचे का भाग है जबकि हिन्दी में घुटने से ऊपर का। शब्दों के अर्थ की कथा हरिकथा की तरह अनंता है। शब्द मरता है, शब्द जन्मता है। नाम वाचक शब्दों के साथ तार्किकता थी जो बाद में क्रमशः विलुप्त होती गई।

रंग-बिरंगी हिन्दी

जी हाँ, हिन्दी एक विशाल भूभाग की भाषा है। जहाँ, जिस मिट्टी में यह जाती है, उसमें घुल-मिल जाती है, वहीं की बन के रह जाती है। जिस आदमी के साथ रमती है, रमती ही चली जाती है। इसका उच्चारण पानी की तरह कोस-कोस पर बदलता रहता है, यही कारण है कि इसमें जो माधुर्य है, रसीलापन है, लचीलापन है, वह किसी अन्य भाषा में नहीं। हैदराबाद जाइए तो हैदराबादी हिन्दी 'कहां जाएंगा' सुनने को मिलेगी, तो मुंबई में मुंबइया हिन्दी 'काहे का लफड़ा मारता' सुनाई पड़ेगा।

शिलांग में शिलांगी हिन्दी 'सकेगा' शब्द से ही पूरे वाक्य का काम चलाते हुए पाएगी, अहिन्दी क्षेत्रों में ही नहीं हिन्दी क्षेत्रों में भी एक ही शब्द के विभिन्न उच्चारण आपको सुनने को मिल जाएँगे। स्टेशन को ब्रज वाले इस्टेशन, पंजाब में सटेशन, बिहार में अस्टेशन और गुजरात में टेशन कहते हैं। खड़ी बोली में तो हर ध्वनि को डबल बोलने की परंपरा है 'अरे बाप्पू रोट्टी खाल्ले', बिना इसके रोटी में मजा ही नहीं आएगा।

अब देखिए न मेरे ही नाम को ले लीजिए, मेरे नाम का उच्चारण शायद ही कोई भली-भांति कर पाता हो। मेरे ब्रजांचल में मुझे मृगेश नाम से पुकारते हैं, तो गुजरात, महाराष्ट्र में मुझे मुर्गेश कहते हैं। मुर्गेश का अर्थ होता है मुर्गों का राजा जबकि मृगेश का अर्थ होता है शेर। खैर यहाँ तक तो कोई बात नहीं। मृगेश या मुर्गेश दोनों जानवर ही हैं। मुझे हँसी तब आती है, जब पंजाब के भाई मुझे मरगेश कहते हैं। भाषा ध्वनि प्रतीकों की इच्छानुरूप व्यवस्था है, अतः एक ही ध्वनि समूहों का एक गुच्छ एक जगह कोई और अर्थ देता है तो दूसरी जगह कुछ और। राजीनामा को ही ले लीजिए। हिन्दी प्रांतों में इसका अर्थ अनुबंध से है, संबंध जुड़ने से है यानी

कि सहमति से है, जबकि गुजरात और महाराष्ट्र में संबंध विच्छेद यानी कि हमारे यहाँ संबंध शुरू हुए यहाँ खत्म हो रहे हैं। मोटा-मोटी शब्द को ही ले लीजिए, हमारे साथ इस शब्द ने तकरार ही करवा दी। साड़ी वाला पत्नी को साड़ी दिखाते हुए बोला, मोटी बेन, आपको यह साड़ी सरस लागै छै।

इतना सुन पत्नी की त्यौरियाँ चढ़ गईं। हमने असलियत को भाँपकर पत्नी को कहा--देवयानी गुजरात में मोटी का अर्थ मोटी नहीं होता है। तो फिर क्या होता है? स्मार्ट, ब्यूटीफुल। बोली--अच्छा तो भाई साहब दो साड़ी दे दीजिए। हमने कहा--अच्छी मुसीबत गले लगा ली। मैंने कहा नहीं, हम इस दुकान से तुम्हें दो क्या एक भी नहीं दिलवाएँगे क्योंकि इसका साइन बोर्ड द्विभाषिक नहीं है।

हमने कुछ दिन पहले एक बोर्ड बनवाया। 'ग्रीन बैल्ट' का पेंटर को हमने लिख कर दिया 'हरित पट्टी'। गुजरात में ह्रस्व को दीर्घ और दीर्घ को ह्रस्व लिखने की बीमारी है। सूरज को सुरज, रिफाइनरी को रिफाईनरी, टाउनशिप को टाऊनशीप। हम बार-बार वर्तनी को सही करते हैं लेकिन पेंटर समझते हैं कि शायद हमने ही गलत लिख कर दे दिया है, वे उसे फिर ज्यों का त्यों कर देते हैं। परिणामतः हरित पट्टी की जगह हरीत पट्टी कर दिया। निरीक्षण समिति ने जब उस मुद्दे को उठाया तो हमारे प्रमुख महोदय ने बड़ी ही शालीनता के साथ कहा--साहब, हम अपने यहाँ ज्यादा हरियाली करना चाहते हैं, इसीलिए हरीत लिख दिया। शायद! हमें लगता है, चौराहों पर ठहरिए की जगह भी 'ठहरीए' लिखवाया जाता है कि वाहन चालक पर स्ट्रैस पड़े। हमने अस्पताल के प्रवेश व बाहर के द्वारों पर पेंटर को लिखने के लिए कहा। 'प्रवेश' तो ठीक लिख दिया लेकिन बाहर की जगह 'बहार' लिख डाला। मुख्य चिकित्सा अधिकारी महोदय ने हमें बुलाकर कहा, देखो क्या लिख दिया है। 'बहार' हमने कहा ठीक ही तो है बहार अंदर कहाँ है बहार तो बाहर ही होगी। एम. फिल. की कक्षा में पहले ही दिन मेरे हरियाणवी मित्र मुझसे बोले--रे माणिक तू कौन से स्कूल में पढ़या। मैंने कहा--तू जिसमें पढ़या मैं भी उसमें पढ़या। दोस्ती हो गई। वह बंदा पीएच.डी. कर गया, लेकिन गरीब को हमेशा ग्रीब बोलता रहा। यही हमारे बिहार के भाइयों की बात है। वे स्पष्ट, स्थान, स्तर को क्रमशः अस्पष्ट, अस्थान व अस्तर ही बोलते हैं। यू.पी. वाले इस्पष्ट, इस्थान, व इस्तर ही बोलते हैं। बिहार और बंगाल में व को भ, जैसे विक्ट्री को भिक्ट्री उच्चारित करते हैं। यही कारण है कि स्वर्गीय श्री शरद जोशी जी पटना जाकर नरभसा (नर्वस) हो गए थे। पूर्वी उत्तर प्रदेश के भाषा विज्ञान के डॉक्टर भी बढ़िया को बढ़ियां और हाथ को हांथ बोलते हैं। हमारे गुजरात के लोग संक्षिप्त करने में बड़े माहिर हैं। वे स्टेशन को टेशन बोलते हैं। अहमदाबाद को अमदाबाद, हेअर को हैर, केअर को कैर बोलते हैं। यहाँ तक तो

ठीक है लेकिन हमें उस दिन बड़ा अटपटा लगा जबकि एक प्राचार्य मल्टीपरपज हॉल को मल्टीपरपज होल लिखने लगे। यू.पी. वाले व और ब में फर्क नहीं कर पाते हैं। यूँ तो जितने मुँह उतनी वर्तनी वाली बात है, लेकिन कभी-कभी बड़ा मजा भी आता है ऐसी वर्तनी सुनने पर। दूल्हा शब्द को ही ले लीजिए। यह संस्कृत के दुर्लभ से निकला है, जिसका अर्थ होता है जो बड़ी मुश्किल से मिले तो ठीक है। दूल्हा पहले भी बड़ी मुश्किल से मिलता था। आज भी मुश्किल से ही मिलता है। एक कवयित्री हैं जिनका नाम है सुषमा। काफी अरसे बाद जब हम मिले तो उनकी गोद में बालिका देखकर अनायास निकल पड़ा कहिए शिशुमा जी कैसी हैं? बोली मेरा नाम सुषमा है। हमने कहा, "था, है नहीं, अब तो आप एक शिशु की माँ हैं। इसलिए शिशुमाँ ज्यादा जमता है।" एक दिन हिन्दी कार्यशाला में फारसी से आई ध्वनियों के बारे में बता रहे थे। किसी ने पूछा ग़ और ग का अंतर बताइए, हमने दो शब्द दिए एक बेग़म बिना गम के, दूसरा बेगम (अर्धांगिनी)। हमने कहा बेगम वही है जिसे कोई ग़म नहीं है।

अंत में लेख का उपसंहार करते हैं। उपसंहार ऐसा लगता है जैसे किसी का शृंगार किया जा रहा हो जबकि इसका अर्थ समापन करने से है यानी कि उप (समीप) संहार (मारना) पास से मारना–खत्म करना।

बात ऐसे हुई कि हम पिछले दिनों अंडमान निकोबार के भ्रमण पर गए। मद्रास में हमारे सम्मान में एक कवि गोष्ठी आयोजित की गई। वहाँ सभी ने अपना परिचय दिया। दक्षिण में बहुधा त को थ बोला जाता है। खासकर तमिल में वे लोग हिंदुस्तान को हिंदुस्थान बोलते हैं। आपस में कवयित्रियों का परिचय हुआ। जब अंतिम कवयित्री जिनकी उम्र 40 वर्ष थी उनसे हमने उनका नाम पूछा तो बोली–'मालथी'। हमने कहा–मैडम मालथी नहीं, शायद नाम मालती (पुष्प) होना चाहिए। वे बोलीं क्या मतलब। हमने कहा मतलब बिलकुल साफ है मालथी (माल + थी) भूतकाल है मालती वर्तमान। अब आप ही निर्णय कीजिए कि आप भूतकाल हैं या वर्तमान। यानी कि मालती या मालथी। वह बोली आप ठीक कहते हैं श्रीमान मेरा नाम मालती ही है।

सो हम देखते हैं कि सचमुच में हमारी हिन्दी सोने की तरह चमकती है, चंदन-सी महकती है। मलयानिल-सी बहती है, खाती-पीती है। चंगी है। सचमुच में हिन्दी रंग-बिरंगी है।

□□